질적 메타합성 연구 가이드

A GUIDE TO QUALITATIVE META-SYNTHESIS

데보라 핀프겔드-코넷(Deborah Finfgeld-Connett) 저

주영효 · 서라현 공역

질적 메타합성 연구 가이드

질적 메타합성(Qualitative Meta-synthesis) 연구 가이드는 데이터 수집, 분석 및 이론 생성을 포함한 이론-생성 메타합성 연구(theory-generating meta-synthesis research) 수행 단계에서 이해하기 쉬운 지침을 제공해준다. 질적 메타합성 연구 방법은 출판된 질적 연구 결과를 추출, 분석 및 종합하여 증거 기반 이론(evidence-based theory)을 생성하는 연구 방법이다. 증거 기반 이론은 보건의료 서비스 제공자 및 기타 전문가가 상황에 기반을 둔 결정(context-based decisions)을 내리고, 적절한 상황별 조치를 이행하는 데 활용할 수 있는 발판(scaffolding)을 제공한다.

이론-생성 메타합성 방법은 질적 연구 패러다임, 특히 근거이론(grounded theory)에서 발전되었다. 이론-생성 메타합성 방법은 체계적이고 엄격한 접근을 통해 연구 주제와 관련된 질적 분석 결과를 포함하는 연구 보고서를 식별하는 데 유용하다. 기존 질적 데이터를 단순히 재구성하거나 재분류하는 것을 넘어, 이론-생성 메타합성 연구는 새롭게 합성된 개념을 도출하고, 이들 개념 간의 역동적 관계를 명확히 설명하는 데 중점을 둔다. 연구를 통해 생성된 이론(resultant theory)은 이론적·방법론적 다각화, 연구자 다각화(triangulation),[1] 편향되지 않은 데이터 수집 및 표집 전략, 귀납적·연역적 데이터 분석 및 합성 전략, 지속적인 성찰(reflexivity)을 통해 타당성을 확보하게 된다.

메타합성을 통해 생성된 이론(meta-synthesis-generated theory)은 표준화된 알고리즘, 지침 및 프로토콜의 사용이 증가하는 환경에서 매우 중요하다. 이 책에서 논의된 이론 유형은 표준화된 도구를 맞춤화하여 가장 효

---

[1] **역자주**: 국내 다수의 질적 연구자들과 문헌에서 'triangulation'을 삼각검증, 삼각화 등으로 번역하고 있지만, 본 역서에서는 '다각화'로 번역하도록 한다.

과적인 증거 기반 개입을 수행하는 동시에 개별화된 접근을 가능하게 하는 데 도움을 줄 것이다.

데보라 핀프겔드-코넷(Deborah Finfgeld-Connett) 박사(PhD, RN, FAAN)는 미국 미주리주 콜롬비아에 위치한 미주리 대학교 싱클레어 간호대학(Sinclair School of Nursing) 명예교수이다. 핀프겔드-코넷 박사는 1990년대 중반부터 의료 관련 질적 메타합성 연구를 수행해 왔고, 그 기간 동안 이 책에서 소개하고 있는 연구 방법을 개발하고 세부적인 내용을 정교화하는 데 주력해 왔다.

질적 연구 방법은 1980년대 이후 본격적으로 교육학, 간호학 분야를 포함하여 여러 학문 분야에서 특정 주제의 현상이나 개념을 분석, 설명, 탐색, 이해하기 위해 활용되고 있다. 최근에는 특정 맥락에서의 인간 경험을 이해할 수 있는 질적 연구 방법만이 지니는 특성과 강점으로 인하여 과거보다 훨씬 많은 연구자들과 전문 연구 기관에서 질적 연구 방법을 연구 문제 해결을 위한 연구 방법으로 활용하고 있다. 하지만, 질적 연구 방법은 특정 맥락에서 제한된 표본만으로 연구를 수행할 수밖에 없고, 질적 연구 결과의 일반화는 논의의 대상이 될 수 없다는 한계가 있다. 이 같은 점에서 1차 질적 연구 결과의 일반화와 이론 개발 가능성을 확장할 수 있는 질적 메타합성 방법이 질적 연구 방법의 인기와 맞물려 연구자들로부터 많은 관심을 받고 있다. 실제로 국·내외 학술지에서는 질적 메타합성 방법을 활용한 연구 논문을 어렵지 않게 찾아볼 수 있다.

다양한 유형의 질적 메타합성 방법 중에서도 이론-생성 메타합성 연구는 질적 합성의 연구 결과들을 보다 깊이 이해하고 풍부하게 해석하면서 이론을 생성하는 데 그 목적이 있다. 과거와 비교하여 질적 연구 결과들이 점차적으로 증가하고 있는 현실을 고려할 때, 학술지, 학위 논문, 연구 보고서 등에서 보고되고 있는 1차 질적 연구 결과를 활용하여 귀납적으로 이론을 생성하게 되는 이론-생성 메타합성 연구의 연구 방법적·방법론적 의미와 가치가 매우 크다고 볼 수 있다. 또한, 이론-생성 메타합성 연구를 통해 생성된 이론은 특정 맥락에 초점을 맞춘 1차 질적 연구 결과를 종합한다는 점에서 현장 적용과 실무 활용 가능성이 크다는 장점도 지니고 있다.

역자들은 이론-생성 메타합성 연구가 연구 방법적·방법론적 측면에서뿐만 아니라 학문 분야별 실천의 측면에서도 그 의미와 가치가 크다고 판단하여 데보라 핀프겔드-코넷의 질적 메타합성 연구 가이드 번역을 호기

롭게 시작하였다. 하지만 번역의 과정은 적절한 번역 용어 선정부터 순탄하지 않았고, 번역 최종 완성까지 예정된 시간보다 훨씬 오랜 시간이 필요하였다. 긴 시간을 기다려 주신 박영스토리 노현 대표님, 번역본 편집부터 교정까지 꼼꼼하게 챙겨봐 주신 박송이 선생님께 진심으로 감사의 말씀을 전해드린다.

2025. 2.
옮긴이 씀

이론들은 수년간 Corbin과 Strauss(2008)의 근거이론과 같은 1차 질적 연구 방법을 통해 생성되어 왔다. 그러나 질적 연구 방법으로 생성된 이론은 일반적으로 그 이론이 개발된 특정 맥락을 넘어 전이될 수 있다고 생각되지 않는다. 이는 질적 연구 방법에 기초한 이론이 매우 제한된 표본(sample)에서 도출된 결과이기 때문이다. 반면, 메타합성 방법은 이러한 한계를 극복하고 질적 연구 결과를 보다 일반화할 수 있도록 개발되었다. 이 책에서 설명하는 방법을 활용하면, 1차 연구 전반에 걸친 질적 연구 결과를 종합하여 일반화가 가능하면서도 맥락적으로도 풍부한(context-rich) 이론[2]을 개발할 수 있다.

실무 분야에서는 점점 더 표준화된 알고리즘, 프로토콜(protocols), 지침(guideline)을 사용하고 있으며, 이러한 표준화된 지침을 맥락화하고 개별화하기 위해서는 이론이 필수적이다. 따라서 일반화가 가능하면서도 맥락적으로도 풍부한 이론 개발은 매우 중요하다. 예를 들어, 맥락적으로 풍부한 메타합성 생성 이론(context-rich meta-synthesis-generated theory)이 있다면, 문화, 연령, 성별, 사회적·심리적·발달적 특성, 영적 선호, 환경적인 상황 등과 관련된 요인들에 맞게 실무 지침(practice guideline)을 조정할 수 있다. 이러한 이론적 배경이 없다면, 서비스 제공자는 비효율적이거나 비효과적인 방식으로 행동할 위험이 있다. 이 책은 질적 연구 방법에 대한 기본적인 이해가 있는 학생과 학자를 대상으로 한다. 보건의료 관점에서 저술하기는 했지만, 논의되고 있는 방법론적 원칙은 교육 및 사회과학 등 다른 학문 분야의 전문가에게도 적용 가능하다.

---

2 역자주: 맥락적으로 풍부한 이론은 다양한 상황에 적용할 수 있으면서 여러 상황을 이해하는 데 도움을 줄 수 있는 이론을 의미한다.

이 책은 연구자가 짧은 시간 안에 처음부터 끝까지 쉽게 읽을 수 있도록 구성하였다. 이후 각 장을 개별적으로 깊이 학습하여 이해를 높일 수 있다. 이 책은 여섯 개의 장으로 이루어져 있으며, 각 장은 연구의 일반적인 과정과 흐름을 준용하여 (1) 이론-생성 메타합성 연구 소개, (2) 연구 목적, 주제, 질문 및 가설, (3) 데이터 수집 및 표집, (4) 데이터 추출, 분석 및 이론 생성, (5) 연구 결과 작성으로 구성하였다. 마지막 여섯 번째 장인 '미래 전망'에서는 메타합성 생성 이론을 활용하고 업데이트할 수 있는 방법에 대한 통찰(insight)을 제공한다. 또한, 각 장의 마지막에는 독자가 연구 과정을 이해하고 실제 연구를 즉각적으로 수행하는 데 도움을 줄 수 있는 선택 학습 활동(optional learning activities)을 배치하였다.

이 책에서 사용된 대부분의 용어는 질적 연구 방법에 대한 기본적인 이해가 있는 독자에게 익숙할 것이다. 하지만 이론-생성 메타합성 연구에서 특히 중요한 용어들은 책 뒷부분의 용어사전(Glossary)에 수록하였다. 또한, 이론-생성 메타합성 연구물 목록은 부록 1에서 확인할 수 있으며, 연구자가 전체 연구 과정을 쉽게 이해할 수 있도록 이론-생성 메타합성 논문 세 편을 부록 2, 3, 4에 첨부하였다.

데보라 핀프겔드-코넷(Deborah Finfgeld-Connett)

참고문헌

Corbin, J., & Strauss, A. (2008). *Basics of qualitative research 3e: Techniques and procedures for developing grounded theory*. Thousand Oaks, CA: Sage.

이 책을 집필하도록 격려해 주시고 집필 과정에서 귀중한 피드백을 제공해 주신 Janice Morse 박사께 깊은 감사를 드린다.

차례

이론-생성 메타합성 연구 소개

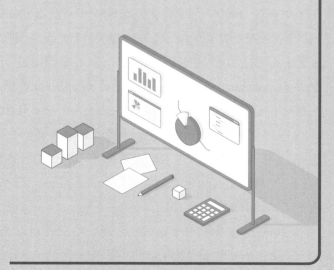

제1장

이론-생성 메타합성 연구 소개

데보라 핀프겔드 – 코넷(Deborah Finfgeld-Connett)

1장에서는 '이론-생성 메타합성 연구(Theory-generating meta-synthesis research)'가 1차 질적 연구 및 다른 유형의 메타 합성(meta-synthesis) 연구와 어떻게 다른지 살펴본다. 연구 방법에 대해 간략히 설명하고, 이론-생성 메타합성을 통해 생성된 이론이 개별화된 환자 치료에 활용될 수 있는 방안에 대해서도 함께 다루도록 한다.

메타합성을 통해 생성된 이론

이론은 우리가 사는 세상을 이해하기 위한 틀(frameworks)을 제공하며, 매우 추상적인 이론(예: 시스템 이론)부터 매우 구체적인 이론(예: 인슐린 요법의 약력학)까지 다양하다. 메타합성을 통해 생성된 이론은 이 광범위한 연속선(continuum)의 중간에 위치한다. 즉, 일반화될 만큼 충분히 포괄적이면서도 상황에 맞게 적용할 수 있을 정도로 구체적이다. 메타합성을 통해 생성된 이론은 일반화 가능성과 맥락적 관련성을 모두 갖추고 있기 때문에, 실제 상황에서 의사 결정과 행동의 지침으로 활용될 수 있다(예: 부록 3의 북미 원주민 간 친밀한 파트너 폭력(intimate partner violence[IPV]) 이론 및 해결 참조 [Finfgeld-Connett, 2015]).

메타합성을 통해 생성된 이론은 개념과 개념 간의 역동적 관계로 구성된 과정(process)을 설명한다. 개념(예: 북미 원주민 간 친밀한 파트너 폭력)과 그 역동적 관계(예: 북미 원주민 문화의 침식과 IPV 발생 간의 관계)는 해당 주제와 관련된 대표적인 연구 보고서에서 도출된 질적 연구 결과를 분석하고 종합하여 도출된 잘 정의된 현상이다(Finfgeld-Connett, 2015).

메타합성 연구의 배경

1차 연구 결과를 이해하고 활용을 극대화하기 위해 많은 양적·질적인 체계적 고찰 방법(systematic review methods)이 개발되었으며, 학자들은 이러한 다양한 방법을 명확하게 정의하고 각각의 차이를 구분하려는 노력을 지속해 왔다. 2009년, Grant와 Booth는 이 체계적인 고찰 방법들을 목적과 분석되는 증거 유형(예: 질적 연구 결과, 양적 연구 결과, 또는 질적·양적 연구 둘 다)에 따라 14가지로 분류했다. 2009년 이후 몇 가지 질적 합성 방법이 더욱 정교화되었지만, 질적 합성을 어떻게 수행해야 하는지에 대한 의문은 여전히 남아 있다(Tricco et al., 2016). 이는 부분적으로 여러 질적 합성 방법론을 통합하여 하나의 연구를 수행하는 경우가 많았기 때문이다(Paterson, 2012). 이 책은 이와 같은 혼란을 줄이고, 여러 1차 질적 연구물의 결과를 합성하여 새로운 이론을 생성하는 방법론을 명확히 설명하는 데 목적을 둔다.

현대의 질적 연구 방법이 공식화된 1980년대 초부터 수없이 많은 1차 질적 연구가 수행되었다. 이들 질적 연구 결과는 맥락적으로 특정한 현상과 과정에 대한 지식을 향상시켰지만, 연구가 특정 맥락에 한정되었기 때문에 실무에 미치는 영향이 제한적일 수밖에 없었다(Finfgeld-Connett, 2010). 1980년대 후반, 질적 연구자들은 이 같은 문제를 인식하고 여러 질적 연구 결과를 종합하여 보다 의미 있고 일반화할 수 있는 최초의 메타합성 방법을 개발하였다(예: Noblit & Hare, 1988). 현재는 1차 질적 연구물이 증가하고, 증거 기반 실천(evidence-based practice)에 도움이 되는 맥락적으로 풍부하고, 일반화가 가능한 결과에 대한 요구가 커지면서, 질적 연구 결과를 엄격하게 종합해야 할 필요성이 더욱 강조되고 있다(Finfgeld-Connett, 2010).

여러 유형의 메타합성 개관

메타합성을 수행하는 방법에는 메타 문화기술지(meta-ethnography), 메타 연구(meta-study), 메타 요약(meta-summary), 질적 연구 합성(qualitative research synthesis), 질적 메타 종합(qualitative meta-aggregation) 등 여러 가지가 있다(표 1.1 참조). 이 가운데 조사 전반에 걸쳐 질적 발견을 종합하여 새로운 전체론적 해석을 생성하는 데 목적을 둔 메타 문화기술지가 가장 먼저 개발되었다(Noblit & Hare, 1988). 메타 연구는 질적 연구 전반에 걸쳐 이론, 방법 및 연구 결과를 분석하는 데 목적을 두며(Paterson, Thorne, Canam, & Jillings, 2001), 질적 연구 합성은 질적 연구 전반에 걸친 개념적 해석(conceptual translation)에 초점을 둔다(Major & Savin-Baden, 2010). 마지막으로 질적 메타 종합, 메타 요약의 목적은 정보를 요약하고 추출하여 결론을 도출하는 데 있다(Joanna Briggs Institute, 2014; Sandelowski & Barroso, 2007).

질적 연구 결과를 합성하는 방법에는 두 가지가 있다. 그러나 이 방법들에서 사용하는 원자료(raw data)는 질적 연구 결과에만 국한되지 않는다. 예를 들어, 현실주의 고찰(realist review)은 양적 연구 결과뿐만 아니라 개념적·비판적 문헌도 포함하며(Pawson, 2006), 비판적·해석적 합성(critical interpretive syntheses)은 양적 연구 결과를 통합(incorporate)한다(Dixon-Woods et al., 2006). 이러한 유형의 연구에서는 다양한 연구 질문과 원자료가 사용되기 때문에, 각 연구의 데이터 분석 방법은 새롭고 다소 독특한 방식으로 이루어지는 경향이 있다.

지금까지 논의한 메타합성의 기본 전제는 이것이 종합적인 독립형 연구라는 점이다. 이는 양적 메타 분석을 보완하거나 확장을 목적으로 하는 질적 합성과는 차이가 있다. 양적 메타 분석에서는 주로 통계적으로 유의미한 결과를 도출하기 위해 양적 연구 결과를 분석하는 반면(Polit & Beck, 2017), 질적 합성의 연구 결과는 유의미한 결과들을 더 깊이 이해하고 풍부하게 해석하는(texturize) 데 사용된다(예: Cochrane[Noyes et al., 2015]).

표 1.1 질적 연구 결과를 합성하는 다양한 방법: 속성 및 예시

방법	목적	표본	질 평가	데이터 분석	연구 예시
메타 문화기술지 (Noblit & Hare, 1988)	조사 전반에 걸친 질적 결과를 종합하여 새로운 전체론적 해석 (holistic interpretation) 생성	주제와 관련된 문화기술적 연구물	분석 중 원자료의 평가	불특정, 일반적으로 주제 분석의 한 형태	주제: 노숙자 보호소에서 자녀를 양육하는 노숙자 목적: 노숙자 보호소에서 자녀를 양육하는 여성 노숙자에 관한 질적 문헌의 함성 표본 수(N)=18 연구 결과: 노숙자 되기, 보호적 모성, 상실, 스트레스와 우울, 생존 전략, 해결 전략 등 여섯 가지 주제(Meadows-Oliver, 2003)
메타연구 (Paterson et al., 2001)	1차 질적 연구물 전반에 걸친 이론, 연구 방법 및 연구 결과 분석	1차 질적 연구 가운데 대표 연구물	연구팀의 합의에 기반한 질적 연구물 평가	코딩, 범주화	주제: 시간 경과에 따른 만성 질환 인식 표본 수(N)=292 연구 결과: 만성 질환은 질병에 대한 인식과 건강에 대한 인식을 관리하는 지속적인 과정을 포함하는 것으로 인식된다(Paterson, 2001).
질적 연구 합성 (Major & Savin-Baden, 2010)	개념적 변형(conceptual translation), 재해석 또는 새로운 이론 개발	포화에 도달하기 위한 1차 질적 연구 보고서의 목적적 표집	나열된 기준에 따른 보고서 평가	주제 분석	주제: 온라인 교육에 대한 교수진의 경험 표본 수(N)=9 연구 결과: 온라인 교육은 교수진이 교수법, 강의 설계, 시간 관리, 수업 방식 및 학생들에게 접근하고 생각하는 방식을 변화시킨다(Major, 2010).

방법	목적	표본	질 평가	데이터 분석	연구 예시
메타요약(Sandelowski & Barroso, 2007)	지식 요약, 즉 종합 및 함성한 결론 도출	철저한 질적 연구물 검색	나열된 기준에 따른 질적 연구물 평가	1차 질적 연구 결과의 종합 및 추출	주제: HIV 양성 여성의 낙인 표본 수(N)=93 연구 결과: HIV 양성 여성들은 낙인이 만연하고, 강렬하다고 인식한다. 낙인 관리에는 대인 관계를 유지하고, 도덕적 정체성을 유지하기 위해 정보를 통제하려는 노력이 수반된다 (Sandelowski, Lambe, & Barroso, 2004).
메타 종합(Joanna Briggs Institute [JBI], 2014)	여러 사례 연구 내용의 일반화	철저한 질적 연구물 검색	JBI[1] 도구에 기반한 질적 연구 결과물 평가	JBI 컴퓨터 소프트웨어를 사용한 결과의 종합 및 요약	주제: 젊은 사람들의 만성 질환 경험 표본 수(N)=18 연구 결과: 만성 질환은 젊은 사람들을 불편하게 만들고, 정서적인 삶을 방해하지만, 모두 나쁜 것만은 아니다. 정신 건강 문제를 최소화하고 경험을 통해 얻는 방법들이 있다(Venning, Eliott, Wilson, & Kettler, 2006).
현실주의 고찰 (Pawson, 2006)	프로그램 이론 시험 및 개선	질적 및 양적 연구 보고서와 개념적 및 비판적 문헌	분석 중 원자료의 평가	생성적 방법, 데이터에 의존	주제: 가정에서 효과적이고 선호되는 중간 치료(intermediate care) 표본 수(N)=193 연구 결과: 중간 치료의 목표를 달성하기 위해서는 서비스 사용자와 의료 제공자를 협력적으로 의사결정에 참여시키는 것이 중요하다 (Pearson et al., 2015).

1 역자주: Joanna Briggs Institute의 약자로 질적 연구의 체계적 문헌고찰 가이드라인을 제시하고 있다.

방법	목적	표본	질 평가	데이터 분석	연구 예시
비판적·해석적 합성 (Dixon-Woods et al., 2006)	비판과 주제 생성, 새로운 이론적 개념화	질적 및 양적 연구물과 고찰	연구물과 연구 결과 유형에 따라 생성적 평가 및 다양화	범, 데이터에 의존	주제: 암 정보 제공의 개념화 표본 수(N)=57 연구 결과: 암 정보 제공 과정에서는 환자의 가치, 필요, 선호도의 다양하고, 변화하며, 관계적인 특징들을 인식한다. 이 과정에서는 다양한 수준의 환자 참여를 수용하며, 선별되고 개인적으로 관련된 정보를 적시에 제공하게 된다 (Kazimierczak et al., 2013).
코크란 (Noyes et al., 2015)	메타 분석 결과의 향상, 확장 또는 보완	코크란 메타 분석 연구 결과를 향상시키는 질적 연구물	설정된 도구를 기반으로 한 보고서 평가	생성적 방법, 조사 특성에 의존	주제: 모자 건강지도자(lay health workers)의 참여 표본 수(N)=53 연구 결과: 모자 건강지도자의 참여에 영향을 미치는 요인은 다음과 같다. 지도자와 수급자 간의 긴밀한 관계, 수급자가 관련성이 있다고 인식하는 서비스, 보건 시스템과 지역사회의 정기적이고 가시적인 지원, 적절한 훈련, 감독 및 인센티브 등이다(Glenton et al., 2013).
이론-생성 메타합성 (Finfgeld- Connett, 2014a, 2014b; Finfgeld-Connett & Johnson, 2013)	1차 질적 연구 결과물에 대한 이론 생성	포화(saturation)에 도달하기 위한 1차 질적 연구물의 이론적 표집	분석 과정 중 연구자료의 평가	코딩, 범주화, 메모 작성하기, 도표 작성	주제: 북미 원주민의 친밀한 파트너 폭력(IPV) 표본 수(N)=13 연구 결과: 북미 원주민의 IPV 이론과 그 해결 방법(Finfgeld-Connett, 2015)

이 책에서 설명하는 메타합성 방법론은 그 자체로도 충분히 의미 있는 결과를 도출하는 것을 목표로 한다. 그러나 다른 접근 방식과 달리, 이 접근법의 주요 목적은 이론을 생성하는 데 있다. 이러한 목표에 따라 이 책에서 설명하는 메타합성 방법론은 이론적 표본 추출, 엄격한 데이터 분석 및 합성, 프로세스 모델(process model) 개발을 포함하는 귀납적 연구 방법론인 근거이론을 기반으로 한다(Corbin & Strauss, 2008). 단계별 평가, 조치 및 재평가는 환자의 정신적·육체적 웰빙을 향상시키는 데 있어서 기본이 되기 때문에 프로세스 모델(Process models)은 의료계 종사자에게 특히 중요하다.

방법론적 라벨링

이론-생성 메타 합성에 대해 논의하기 전에, 방법론적 라벨링(methodological labeling)에 대해 간략히 설명할 필요가 있다. 왜냐하면, 표 1.1의 1열에서 제시된 것과 같이 용어의 사용에 있어서 혼란이 많기 때문이며(Britten, Garside, Pope, Frost, & Cooper, 2017; Thorne, 2017), 이론-생성 메타합성과 관련된 연구물에서도 예외는 아니다. 그동안 연구자들은 메타합성, 메타 해석, 질적 체계적 고찰과 같은 용어를 사용해 왔다. 용어상의 불일치는 아쉽지만, 이는 다양한 연구 장르의 출현에 따라서 연구물의 특성을 반영하는 자연스러운 현상이다. 또한, 출판된 연구물의 독자와 심사자(reviewer)가 연구 방법을 이해하고 연구 방법의 활용을 활성화할 수 있도록, 연구 방법에 적절한 이름을 부여하려는 점진적인 노력을 보여준다(Cheek, 2017). 몇 가지 예외(예: 부록 2, 3, 4)를 제외하고, 이 책에서는 '이론-생성 메타합성(theory-generating meta-synthesis)'이라는 용어를 사용하며, 가독성을 높이기 위해 때로는 간단히 '메타합성(meta-synthesis)'으로 줄여 사용하기도 한다.

이론-생성 메타합성 연구 과정의 개요

이론-생성 메타합성 연구는 질적 연구 패러다임을 기반으로 근거이론 (grounded theory) 방법을 응용한다(Corbin & Strauss, 2008). 즉, 이론-생성 메타합성 연구는 질적 연구 패러다임과 방법론적인 방향에 따라 질적 데이터를 활용하여 이론이 귀납적으로 생성될 수 있다는 가정에 기초한다. 이 경우 데이터는 이미 발표된 연구물에서 추출한 질적인 결과로 구성된다. 이론-생성 메타합성 연구의 과정은 반복적이며, 데이터 분석과 합성이 진행됨에 따라 이론이 등장하게 된다(Finfgeld-Connett, 2010, 2014b).

구체적으로 이론-생성 메타합성 연구는 여러 1차 질적 또는 혼합방법 연구(multi-method studies)에서 발표된 질적 연구 결과(즉, 원자료)를 분석하고 종합하는 방식으로 수행된다. 이론-생성 메타합성 연구의 결과는 기존 연구 결과의 종합 및 요약을 넘어 의사 결정과 행동을 뒷받침할 수 있는 잠재력을 지닌 새롭게 합성된 이론으로 구성된다(Finfgeld-Connett, 2010).

이론-생성 메타합성 방법과 1차 질적 연구의 비교

메타-합성 연구 방법들(meta-synthesis research methods) 간의 유사점과 차이점을 이해하는 것뿐만 아니라, 1차 질적 연구와 이론-생성 메타합성 간의 유사점과 차이점을 이해하는 것도 중요하다(표 1.2 참조).

표 1.2 1차 질적 연구와 이론-생성 메타합성 연구의 비교

연구 요소	1차 질적 연구	이론-생성 메타합성 연구
연구의 이론적 틀	근거이론, 현상학, 문화기술지 등	근거이론
목적	현상을 기술, 탐구, 이해하거나, 또는 연구 표본을 넘어서는 일반화 가능성이 제한된 이론의 생성	연구 표본을 넘어 일반화할 수 있는(즉, 전이 가능한) 과정 이론(process theory)의 생성

연구 요소	1차 질적 연구	이론-생성 메타합성 연구
연구 질문	현상이나 개념에 대한 기술, 탐구, 또는 이해와 관련된 문제	과정 이론의 선행 요소, 속성, 결과를 설명하는 문제
가설	데이터 수집과 분석 전반에 걸쳐 지속적인 개발과 적용	데이터 수집과 분석 전반에 걸쳐 지속적인 개발과 적용
데이터 수집과 표집	개별 면담, 포커스 그룹, 일지 등을 통한 이론적 또는 목적적 자료 수집	출판된 연구 보고서의 이론적 정리 및 질적 연구 결과 추출
원자료	일반적으로 인터뷰, 포커스 그룹, 일지 등에서 추출되는 텍스트 기반 데이터	출판된 연구 보고서에서 추출된 질적 연구 결과
데이터 분석 방법	연구 질문에 답하기 위한 원자료의 주제 또는 내용 분석(Thematic or content analysis)	개념과 개념 간의 역동적 관계를 설명하기 위해 출판된 연구 결과의 내용 분석 및 종합
결과	일반화 가능성이 제한된 설명, 주제, 개념 및 틀(framework)	연구 표본을 넘어 일반화할 수 있는(즉, 전이 가능한) 요소 또는 개념들 간의 과정 구성(즉, 이론)

　　이론-생성 메타합성 연구는 근거이론을 기반으로 하는 반면(Corbin & Strauss, 2008), 1차 질적 연구는 근거이론 외에도 현상학(phenomenology), 문화기술지(ethnography) 등 다양한 연구의 이론적 틀에 의해 뒷받침될 수 있다. 1차 질적 연구의 목적은 특정 현상을 설명하고, 탐색하고, 이해하며, 상황에 맞는 구체적인 이론을 생성하는 것이다. 반대로, 이론-생성 메타합성은 원래의 표본을 넘어 전이 가능한(transferable) 즉, 일반화 가능한 새로운 합성 이론을 생성하는 데 목적을 둔다. 표본을 구성하는 연구는 서로 다른 조건과 환경에서 수행된 독립적인 연구들로, 같은 연구를 반복하는 복제 연구(replication studies)가 아니기 때문에, 이론-생성 메타합성에서 도출된 결과는 일반화가 가능하다. 따라서 연구 표본 내에 이러한 이질성(heterogeneity)이 존재할수록 연구 결과의 적용 가능성은 더욱 확대된다(Finfgeld-Connett, 2010).

　　1차 질적 연구 질문은 현상이나 개념을 설명하고, 탐색하며, 이해하는 데 중점을 두고 연구 질문을 설정한다. 반면, 이론-생성 메타합성 연구에서는 과정의 선행 요인, 속성, 결과를 설명하는 연구 질문에 중점을 둔다. 두 경우 모두 데이터 수집 및 분석 과정에서 연구 질문과 잠정적 가설(tentative hypotheses)이 지속적으로 제기된다(Finfgeld-Connett, 2014a; Polit & Beck, 2017).

1차 질적 연구에서 데이터 수집은 의도적이거나 이론적일 수 있으며, 일반적으로 원자료는 인터뷰, 포커스 그룹, 일지 등에서 수집한 텍스트 기반 데이터로 구성된다. 반면, 이론-생성 메타합성에서는 이론적 표집을 통해 연구를 수행하며, 분석 대상은 출판된 연구 보고서에서 추출되어 완전히 분석된 질적 연구 결과이다(Finfgeld-Connett, 2014b; Polit & Beck, 2017).

1차 질적 연구에서는 주로 주제 또는 내용 분석을 통해 원자료를 다룬다. 반면, 이론-생성 메타합성 연구에서는 데이터 분석이 단순한 코딩 및 범주화를 넘어, 개념 간의 관계를 명확히 설명함으로써 요소 또는 개념들 간의 과정 구성(process frameworks)을 도출하는 작업까지 포함해야 한다. 개념 간의 관계를 설명하여 과정 구성을 생성하는 작업은 메모하기(memoing)와 도표 작성(diagramming)을 통해 이루어진다(Finfgeld-Connett, 2014a, 2014b; Polit & Beck, 2017).

보건 의료분야에서 이론-생성 메타합성의 활용

대체로 임상 실습 지침에는 두 가지 유형의 이론이 사용된다. 첫 번째 유형은 무작위 대조 시험 및 정량적 메타 분석의 결과로 입증된, 매우 일반화할 수 있는 이론이다. 이러한 이론은 양질의 의료 서비스 제공에 필수적인 경험적 기반의 환자 치료 프로토콜로 이어진다(Thorne & Sawatzky, 2014). 그러나 이러한 지침의 광범위한 적용에는 일부 우려되는 부분도 있다(Knisely & Draucker, 2016). 이 지침들은 특정한 상황보다는 보다 포괄적인 상황에 사용되도록 고안되었기 때문이다(Engebretsen et al., 2015; Ou et al., 2017; Tanenbaum, 2014).

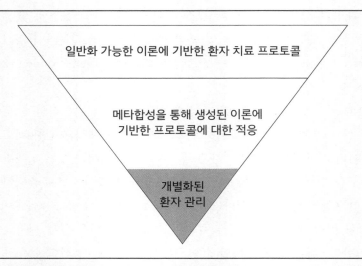

일반화 가능한 이론에 기반한 환자 치료 프로토콜

메타합성을 통해 생성된 이론에
기반한 프로토콜에 대한 적응

개별화된
환자 관리

그림 1.1 메타합성을 통해 생성된 이론에 기반한 개별화된 환자 관리

민족, 인종, 교육, 사회·경제적 지위, 지리적 위치와 같은 요인은 보건
의료에서 비상 사태가 발생하는 원인이 된다. 또한, 개인별·상황별 고유한
요인으로 인해 의료 현장에서는 끊임없이 다양한 변수가 발생한다(Carlsen,
Glenton, & Pope, 2007; Knisely & Draucker, 2016; Polkinghorne, 2004). 이러
한 의료 현장의 차이를 충분히 반영하지 못하고 표준화된 환자 진료 지침
을 개별 환자의 상황에 맞게 맞춤화(customize)하지 않으면, 비효율적이
거나 비효과적인 개입으로 이어질 수 있다(Engebretsen et al., 2015; Knisely
& Draucker, 2016; Thorne & Sawatzky, 2014). 메타합성을 통해 생성된 이론
(Meta-synthesis-generated theories)은 명확히 정의된 요소나 개념들로 구성
되며, 역동적인 과정 모형(process model) 형태로 설명된다. 이러한 이론은
일반화가 가능하면서 특정 맥락에 맞게 적용될 수 있는 유연성과 집중성을
동시에 지닌다. 그 결과, 메타합성을 통해 생성된 이론은 의사 결정을 위한
경험 기반의 줄거리(storyline) 즉, 내러티브(Finfgeld-Connett, 2010, 2014a)를
제공하고 선행 사건, 속성, 결과를 포함한 시간적·인과적 사건들에 대한 통
찰을 제시한다. 또한, 메타합성을 통해 생성된 이론은 과정의 구조(process

structure)로 구성되기 때문에 잠재적 개입 지점을 쉽게 식별할 수 있으며, 유연한 특성으로 인해 개별 환자의 요구 사항을 수용할 수 있다(그림 1.1 참조)(Finfgeld-Connett, 2016). 이론-생성 메타합성 연구의 목적에 대해서는 2장에서 더 자세히 다루도록 한다.

학습 활동

1. 이론-생성 메타합성 연구가 1차 질적 연구, 다른 유형의 메타합성 연구 및 양적 메타 분석과 어떻게 다른지 설명해 보시오.

2. 근거이론이 이론-생성 메타합성 연구를 어떻게 뒷받침하는지 토론해 보시오.

3. 메타합성을 통해 생성된 이론이 증거 기반 환자 치료 프로토콜/지침을 개별화(individualize)하는 데 어떻게 사용될 수 있는지 논의해 보시오.

참고문헌

Britten, N., Garside, R., Pope, C., Frost, J., & Cooper, C. (2017). Asking more of qualita- tive synthesis: A response to Sally Thorne. *Qualitative Health Research*. Advance online publication. doi: 10.1177/1049732317709010

Carlsen, B., Glenton, C., & Pope, C. (2007). Thou shalt versus thou shalt not: A meta- synthesis of GPs' attitudes to clinical practice guidelines. *British Journal of General Practice*, *57*, 971-978. doi: 10.3399/096016407782604820

Cheek, J. (2017). Qualitative inquiry and the research marketplace: Putting some+s (pluses) in our thinking, and why this matters. *Cultural Studies ↔ Critical Methodologies*, *17*, 221-226. doi: 10.1177/1532708616669528

Corbin, J., & Strauss, A. (2008). *Basics of qualitative research 3e: Techniques and procedures for developing grounded theory*. Thousand Oaks, CA: Sage.

Dixon-Woods, M., Cavers, D., Agarwal, S., Annandale, E., Arthur, A., Harvey, J., ⋯ Sutton, A. J. (2006). Conducting a critical interpretive synthesis of the literature on access to healthcare by vulnerable groups. *BMC Medical Research Methodology*, *6*, 35. doi: 10.1186/1471-2288-6-35

Engebretsen, E., Vollestad, N. K., Wahl, A. K., Robinson, H. S., & Heggen, K. (2015). Unpacking the process of interpretation in evidence-based decision making. *Journal of Evaluation in Clinical Practice*, *21*, 529-531. doi: 10.1111/jep.12362

Finfgeld-Connett, D. (2010). Generalizability and transferability of meta-synthesis research findings. *Journal of Advanced Nursing*, *66*, 246-254. doi: 10.1111/ j.1365-2648.2009. 05250.x

Finfgeld-Connett, D. (2014a). Meta-synthesis findings: Potential versus reality. *Qualitative Health Research*, *24*, 1581-1591. doi: 10.1177/1049732314548878

Finfgeld-Connett, D. (2014b). Use of content analysis to conduct knowledge-building and theory-generating qualitative systematic reviews. *Qualitative Research*, *14*, 341-352. doi: 10.1177/1468794113481790

Finfgeld-Connett, D. (2015). Qualitative systematic review of intimate partner violence among Native Americans. *Issues in Mental Health Nursing*, *36*, 754-760. doi: 10.3109/ 01612840.2015.1047072

Finfgeld-Connett, D. (2016, May). *Use of meta-synthesis research to generate theory for practice*. Paper Presented at 12th Annual Congress of Qualitative

Inquiry, Champaign, IL.

Finfgeld-Connett, D., & Johnson, E. D. (2013). Abused South Asian women in Westernized countries and their experiences seeking help. *Issues in Mental Health Nursing, 34,* 863-873. doi: 10.3109/01612840.2013.833318

Glenton, C., Colvin, C., Carlsen, B., Swartz, A., Lewin, S., Noyes, J., & Rashidian, A. (2013). Barriers and facilitators to the implementation of lay health worker programs to improve access to maternal and child health: Qualitative evidence synthesis. *Cochrane Database of Systematic Reviews* Issue 10. Art. No.: CD010414. Retrieved from http://onlinelibrary.wiley.com/doi/10.1002/14651858.CD010414.pub2/pdf

Grant, M. J., & Booth, A. (2009). A typology of reviews: An analysis of 14 review types and associated methodologies. *Health Information G Libraries Journal, 26,* 91-108. doi: 10.1111/j.1471-1842.2009.00848.x

Joanna Briggs Institute. (2014). *Joanna Briggs Institute reviewers' manual.* Retrieved from www.joannabriggs.org/assets/docs/sumari/ReviewersManual-2014.pdf

Kazimierczak, K. A., Skea, Z. C., Dixon-Woods, M., Entwistle, V. A., Feldman-Stewart, D., N'Dow, J. M., & MacLennan, S. J. (2013). Provision of cancer information as a "support for navigating the knowledge landscape": Findings from a critical interpretive literature synthesis. *European Journal of Oncology Nursing, 17,* 360-369. doi: 10.1016/j. ejon.2012.10.002

Knisely, M. R., & Draucker, C. B. (2016). Using a person-oriented approach in nursing research. *Western Journal of Nursing Research, 38,* 508-520. doi:10.1177/0193945915602856

Major, C. H. (2010). Do virtual professors dream of electric students? University faculty experiences with online distance education. *Teachers College Record, 112,* 2154-2208.

Major, C. H., & Savin-Baden, M. (2010). *An introduction to qualitative research synthesis: Managing the information explosion in social science research.* New York, NY: Routledge.

Meadows-Oliver, M. (2003). Mothering in public: A meta-synthesis of homeless women with children living in shelters. *Journal for Specialists in Pediatric Nursing, 8,* 130-136. doi: 10.1111/j.1088-145X.2003.00130.x/full

Noblit, G. W., & Hare, R. D. (1988). *Meta-ethnography: Synthesizing qualitative studies*. Newbury Park, CA: Sage.

Noyes, J., Hannes, K., Booth, A., Harris, J., Harden, A., Popay, J., ... Pantoja, T. (2015). Chapter 20: Qualitative research and Cochrane reviews: Supplemental handbook guid- ance. In J. P. T. Higgins & S. Green (Eds.), *Cochrane handbook for systematic reviews of interventions*. Version 5.3.0. The Cochrane Colla-boration. Retrieved from http://qim.cochrane.org/supplemental-handbook-guidance

Ou, C. H. K., Hall, W. A., & Thorne, S. E. (2017). Can nursing epistemology embrace *p*-values? *Nursing Philosophy*. Advance online publication. doi: 10.1111/nup.12173

Paterson, B. L. (2001). The shifting perspectives model of chronic illness. *Journal of Nursing Scholarship, 33*, 21-26. doi: 10.1111/j.1547-5069.2001.00021.x

Paterson, B. L. (2012). "It looks great but how do I know if it fits?" An introduction to meta-synthesis research. In K. Hannes & C. Lockwood (Eds.), *Synthesizing qualitative research: Choosing the right approach* (pp. 1-20). Oxford, UK: Wiley-Blackwell.

Paterson, B. L., Thorne, S. E., Canam, C., & Jillings, C. (2001). *Meta-study of qualitative health research: A practical guide to meta-analysis and meta-synthesis*. Thousand Oaks, CA: Sage.

Pawson, R. (2006). *Evidence-based policy: A realist perspective*. Los Angeles: Sage.

Pearson, M., Hunt, H., Cooper, C., Shepperd, S., Pawson, R., & Anderson, R. (2015). Providing effective and preferred care closer to home: A realist review of intermediate care. *Health G Social Care in the Community, 23*, 577-593. doi: 10.1111/hsc.12183

Polit, D. F., & Beck, C. T. (2017). *Nursing research: Generating and assessing evidence for nursing practice* (10th ed.). Philadelphia: Wolters Kluwer.

Polkinghorne, D. E. (2004). *Practice and the human sciences: The case for judgment-based patient care*. Albany: State University of New York.

Sandelowski, M., & Barroso, J. (2007). *Handbook for synthesizing qualitative research*. New York, NY: Springer.

Sandelowski, M., Lambe, C., & Barroso, J. (2004). Stigma in HIV-positive women. *Journal of Nursing Scholarship, 36*, 122-128. doi: 10.1111/j.1547-5069.2004.04024.x

Tanenbaum, S. J. (2014). Particularism in health care: Challenging the authority of the aggregate. *Journal of Evaluation in Clinical Practice, 20*, 934-941. doi: 10.1111/jep.12249

Thorne, S. (2017). Advancing the field of synthesis scholarship: A response to Nicky Britten and colleagues. *Qualitative Health Research*. Advance online publication. doi: 10.1177/104973231771190

Thorne, S., & Sawatzky, R. (2014). Particularizing the general: Sustaining theoretical integrity in the context of an evidence-based practice agenda. *Advances in Nursing Science, 37*, 5-18. doi: 10.1097/ANS.0000000000000011

Tricco, A. C., Soobiah, C., Antony, J., Cogo, E., MacDonald, H., Lillie, E., ⋯ Kastner, M. (2016). A scoping review identifies multiple emerging knowledge synthesis methods, but few studies operationalize the method. *Journal of Clinical Epidemiology, 73*, 19-28. doi: 10.1016/j.jclinepi.2015.08.030

Venning, A., Eliott, J., Wilson, A., & Kettler, L. (2006). Understanding young peoples' experience of chronic illness: A systematic review. *JBI Library of Systematic Reviews, 4*, 1-40. doi: 10.11124/jbisrir-2006-753

연구 목적, 주제, 질문 및 가설

제2장

연구 목적, 주제, 질문 및 가설

데보라 핀프겔드 – 코넷(Deborah Finfgeld-Connett)

2장에서는 이론-생성 메타합성 연구를 수행하는 목적에 대해 논의한다. 또한, 이론-생성 메타합성 연구와 일치하는 주제문, 연구 질문 및 가설에 대해 살펴본다.

이론-생성 메타합성 연구의 목적

인간이 겪는 모든 경험에는 공통점이 존재하지만, 모든 상황을 단일한 관점으로 들여다보고 해석하는 것은 적절하지 않다. 인간의 경험에 초점을 맞추기 위해서는 맥락화(contextualization)가 필요하며, 메타합성을 통해 생성된 이론이 이를 가능하게 한다. 이러한 이론은 상황적 환경(situational circumstances)[1]을 보다 명확하고 의미 있게 만들어, 의사 결정과 행동이 맥락에 맞게 구체화될 수 있도록 돕는다.

이 책에서 설명하는 메타합성 방법은 이론을 확장하거나 수정하고, 새로운 이론을 개발하는 데 활용할 수 있다. 이러한 관점에서 이론-생성 메타합성 연구의 일반적인 목적은 잘 정의된 개념을 관계 속에서 명확히 설명

---

1 **역자주:** 상황적 환경(situational circumstances)은 특정 상황에서 그 상황에 영향을 미치는 모든 것 (조건, 요소, 맥락, 주변 환경 등)을 포함함을 의미한다. 예를 들어, 이러한 요소들은 물리적 환경, 사회적 분위기, 문화적 배경, 심리적 요인 등을 모두 포함하여 상황을 설명하는 데 사용된다.

하는 것이다. 이는 데이터를 종합하거나 개념 또는 현상을 탐구하고 설명하는 데 중점을 두면서도, 그들 간의 역동적인 관계를 명확하게 설명하지 않는 많은 1차 질적 연구 조사(primary qualitative research investigations)나 메타합성 연구와는 대조적이다(Finfgeld-Connett, 2014b).

역동적 관계의 개념과 일치하는 것은 시간의 경과에 따른 변화, 즉 간단히 말해 과정(process)이다. 과정의 요소는 현상과 그 선행 요인, 결과로 구성된다. 이러한 요소들은 모든 이론-생성 메타합성 연구의 목적 진술에 명시적으로 드러나지 않을 수는 있지만, 이론의 근본적인 토대를 구성한다(Finfgeld-Connett, 2014b). 과정 진술로 작성된 메타합성 목적 진술문의 예시는 다음과 같다.

1. 초기 단계 치매의 맥락에서 삶을 관리하는 과정을 설명한다.
2. 자택에 머물기를 선택한 환자를 위해 임종 치료를 최적화하는 방법을 이해한다.
3. 장기 요양시설에서 혁신적인 치료 절차를 성공적으로 도입하는 과정을 설명한다.
4. 계절성 독감 전염에 대한 지식이 예방 노력에 미치는 영향을 설명한다.

주제

기원 및 출처

메타합성 연구 주제는 일반적으로 두 가지 방식으로 생성된다. 첫째, 질적 연구자는 자신의 주제와 관련된 연구 결과를 종합하고, 관련이 있는 경우 다른 연구자의 연구 결과까지 합성함으로써 더 유의미한 결과를 도출할 수 있다는 점을 인식한다(Finfgeld, 2003). 예를 들어, '용기(courage)와 장기적인 건강 문제 관리(management of long-term health concerns)'에 관한 일련의 질적 연구가 이에 해당한다. 이 경우, 여러 1차 질적 연구 조사에서 나온 연구 결과들을 종합하여, 지속적인 건강 문제를 겪으면서도 용기를 갖게 되는 과정과 이를 유지하는 것에 대한 보다 완전하고 일반화 가능한 이론이 개발되었다(Finfgeld, 1999). 마찬가지로 '약물 및 알코올 문제의 자기 해결'을 주제로 한 일련의 1차 질적 연구에서도 여러 연구 결과를 종합하여 보다 유의미하고 전이 가능한 이론적 틀을 도출할 수 있는 가능성이 확인되었고, 이를 통해 새롭고 일반화 가능한 이론이 개발되었다(Finfgeld, 2000).

둘째, 이론-생성 메타합성 주제는 연구자가 특정 분야에서 1차 질적 연구를 수행하지 않았더라도 해당 주제와 관련된 여러 1차 질적 연구 결과가 존재하는 경우에 식별될 수 있다. 이 경우, 연구자는 여러 연구 결과를 종합하여 이론 개발이 가능하다는 가설을 세운다. 예를 들어, '학사 학위를 취득하지 않은 등록 간호사가 학사 학위를 취득한 등록 간호사로 전환되는 과정'을 조사하기 위해 이론-생성 메타합성을 수행한 경우가 이에 해당한다(Anbari, 2015). 또한, '친밀한 파트너 폭력 피해자를 대상으로 한 인터뷰 과정'에 관한 이론-생성 메타합성 연구도 이와 유사한 사례이다(Snyder, 2016).

주제 개발

질적 연구 패러다임과 마찬가지로, 메타합성 연구 주제는 맥락에 따라 결정된다. 동시에, 이론-생성 메타합성 연구의 목표는 일반화 가능한 결과를 도출하는 것이다. 따라서 이론-생성 메타합성 연구 주제는 메타합성 표본을 넘어 전이 가능한 결과를 도출할 수 있을 만큼 충분히 광범위하되, 구체적인 맥락과 관련이 있어야 한다(Finfgeld-Connett, 2010).

예를 들어, 친밀한 파트너 폭력과 관련된 이론-생성 메타합성을 준비할 때, 이 주제가 너무 광범위하여 특정 집단의 문화적 속성을 충분히 반영하지 못해 맥락적으로 의미 있는 결과를 도출하기 어렵다고 판단하였다. 따라서 주제를 맥락별 하위 그룹(예: 고령 여성[Finfgeld-Connett, 2014a]; 아프리카계 미국인, 북미 원주민, 멕시코 이민 여성[Finfgeld-Connett, 2015a, 2015b, 2017]; 남아시아 이민 여성[Finfgeld-Connett & Johnson, 2013])으로 재구성하여 별도의 메타합성 연구를 수행하였다. 그 결과, 각 메타합성에서 도출된 결과는 특정 맥락에 적합하면서도 현실에서 적용 가능한 것으로 나타났다.

일부 주제는 과도하게 제한적이어서 일반화하기 어려울 수 있지만, 이 문제는 자연스럽게 해결될 가능성이 높다. 왜냐하면, 주제의 초점을 지나치게 제한하게 되면 이론-생성 메타합성을 수행하기에 충분한 수의 연구 보고서를 수집하는 것이 어렵기 때문이다. 이러한 상황에서는 연구자가 원래의 연구 목적을 유지하면서도 주제를 확장할 수 있는지를 고려하는 것이 바람직하다. 예를 들어, 북미 원주민의 친밀한 파트너 폭력에 관한 메타합성을 수행할 때, 연구를 미국에 국한하지 않고 캐나다 원주민과 관련된 연구 보고서를 포함함으로써 맥락적 관련성을 유지하면서도 일반화 가능한 이론 개발을 뒷받침할 수 있는 표본을 확보할 수 있었다(Finfgeld-Connett, 2015b).

연구자 질문

이론-생성 메타합성 연구의 초기 단계에서는 이론이 어느 정도까지 발전할 수 있을지 정확하게 예측하기 어렵다. 연구자가 이론의 특정 측면을 개발하기 위해 지속적으로 데이터를 수집할 수 있는 1차 질적 연구와는 달리, 메타합성 연구자는 현재 이용 가능한 출판된 연구 자료의 수에 제한을 받는다(Finfgeld, 2003). 따라서 이론-생성 메타합성 연구자는 연구의 초기 단계에서 광범위한 질문을 제기하여 연구 과정을 명확히 설명할 수 있어야 한다. 이론-생성 메타합성 연구 수행을 위한 초기 연구 질문은 선행 요인과 결과를 포함한 과정의 일반적인 속성을 다룬다. 이후 데이터 분석을 통해 이론의 새로운 측면을 설명할 수 있는 보다 구체적인 질문들이 개발된다(표 2.1 참조).

표 2.1 멕시코계 미국인 여성과 관련된 이론-생성 메타합성 연구 질문(Finfgeld-Connett, 2017)

초기 연구 질문
- 친밀한 파트너 폭력의 선행 요인(antecedents)은 무엇인가?
- 친밀한 파트너 폭력은 시간이 지남에 따라 어떻게, 왜 지속되는가?
- 여성이 친밀한 파트너 폭력을 해결하도록 동기 부여하는 요인은 무엇인가?
- 의료 서비스 제공자가 친밀한 파트너 폭력을 해결하는 데 최적으로 도움을 줄 수 있는 방법은 무엇인가?
- 친밀한 파트너 폭력 해결의 결과는 무엇인가?

추가 질문 (예시)
- 남성우월주의(machismo)[2]는 친밀한 파트너 폭력의 발생에 어떠한 역할을 하는가?
- 멕시코계 미국인 여성이 친밀한 파트너 폭력을 역설적으로 지속하게 만드는 자기 돌봄 전략은 무엇인가?
- 멕시코계 미국인 여성은 신뢰할 수 있는 사회복지 서비스 제공자를 어떻게 식별하는가?
- 멕시코계 미국인 여성은 친밀한 파트너 폭력이 해결되면서 발생하는 자기 변화 과정을 어떻게 설명하는가?

가설

이론-생성 메타합성 연구에서 가설 개발(hypothesis development)은 양적 연구와는 다른 방식으로 진행된다. 양적 연구에서는 가설이 연구 초기에 설정된 후 연구가 진행되는 동안 변경되지 않으며, 연구 종료 후 연구 결과를 바탕으로 가설이 지지되는지 여부를 판단한다(Polit & Beck, 2017). 반면, 이론-생성 메타합성 연구에서는 가설이 연구 초기에 잠정적으로 설정된 후, 데이터 분석이 완료될 때까지 데이터와 지속적으로 비교하면서 추론을 통해 기각, 수정, 지지되는 과정을 거친다(Finfgeld-Connett, 2014b).

이론-생성 연구를 수행할 때, 가설을 지속적으로 발전시키는 것은 과

---

2 역자주: 남성우월주의(Machismo)는 주로 라틴 문화권에서 남성다움을 과시하고 강조하는 태도나 행동을 의미한다. 강인함, 결단력, 책임감, 권위, 때로는 공격성과 같은 전통적인 남성의 역할과 우월성을 부각하는 개념으로, 이는 종종 과도한 남성 권위, 성 역할의 고정관념, 여성에 대한 지배적인 태도를 포함한다. 엄밀히 따지면 남성우월주의는 사상적이고 구조적인 측면을 강조하는 반면, 마초주의는 개인적 태도와 문화적 행동 양상을 더 강조한다. 그러나 마초주의가 남성우월주의의 한 형태로 나타나는 경우가 많기 때문에 이 책에서는 남성우월주의로 번역하였다.

정 요소를 살펴보는 데 특히 유용하다. 예를 들어, 학대받는 고령 여성과 관련된 연구에서, 연구 초기에는 의료 서비스 제공자가 학대받는 고령 여성이 파트너로부터 벗어날 수 있도록 도움을 줄 때 직접적이고 솔직해야 한다는 가설을 세웠다. 그러나 연구가 진행되면서 상황의 복잡성이 드러났고, 의료 서비스 제공자가 정확히 언제, 어떻게 치료적으로 개입하는 것이 실용적인지에 대한 보다 구체적인 가설이 개발되었다(Finfgeld-Connett, 2014a). 마찬가지로, 입원한 정신과 환자들의 공격성과 치료적 개입을 조사하는 연구에서, 연구 초기에는 갑자기 나타나는 공격성을 정상화 전략을 사용하여 관리할 수 있다는 가설을 세웠다. 그러나 데이터 분석이 진행되면서 이 가설은 기각되었고, 대신 상호성과 한계 설정의 치료적 사용(therapeutic use of mutuality and limit setting)[3]과 관련된 가설로 대체되었다(Finfgeld-Connett, 2009).

이론-생성 메타합성 연구 방법은 유동적이고 반복적이다. 따라서 데이터 수집과 분석이 시작되고 진행됨에 따라 연구 질문과 가설이 지속적으로 발전된다. 3장에서 데이터 수집에 대해 설명한 다음, 4장에서 데이터 분석에 대해 논의한다.

학습 활동

1. 자신의 연구 관심 분야를 바탕으로 이론-생성 메타합성 방법을 사용하여 연구할 수 있는 주제를 파악해 보시오.

2. 파악된 주제를 바탕으로 이론-생성 메타합성 방법을 사용하여 조사할 수 있는 목적 진술, 연구 질문 및 잠정적인 가설을 생성해 보시오.

3　역자주: 상호성과 한계 설정의 치료적 사용(therapeutic use of mutuality and limit setting)은 심리치료와 상담에서 주로 사용되는 개념으로, 치료사와 내담자가 서로 신뢰하고 협력하는 상호작용을 통해 치료적 효과를 높이는 방법을 의미한다. 상호성(mutuality)은 내담자와 치료사 간의 관계 형성에 중점을 두며, 한계 설정(limit setting)은 치료 과정에서 감정적, 행동적 경계를 명확히 하여 안전한 치료 환경을 유지하는 것을 포함한다. 이 두 가지는 치료적 개입에서 중요한 역할을 하며, 내담자의 자율성과 책임감을 동시에 강화하는 데 기여한다.

참고문헌

Anbari, A. B. (2015). The RN to BSN transition: A qualitative systematic review. *Global Qualitative Nursing Research, 2,* 1-11. Retrieved from http://journals.sagepub.com/doi/ pdf/10.1177/2333393615614306

Finfgeld, D. L. (1999). Courage as a process of pushing beyond the struggle. *Qualitative Health Research, 9,* 803-814. doi: 10.1177/104973299129122298

Finfgeld, D. L. (2000). Self-resolution of drug and alcohol problems: A synthesis of qualitative findings. *Journal of Addictions Nursing, 12,* 65-72.

Finfgeld, D. L. (2003). Meta-synthesis: The state of the art—so far. *Qualitative Health Research, 13,* 893-904. doi: 10.1177/1049732303253462

Finfgeld-Connett, D. (2009). Model of therapeutic and non-therapeutic responses to patient aggression. *Issues in Mental Health Nursing, 30,* 530-537. doi: 10.1080/ 01612840902722120

Finfgeld-Connett, D. (2010). Generalizability and transferability of meta-synthesis research findings. *Journal of Advanced Nursing, 66,* 246-254. doi: 10.1111/ j.1365-2648. 2009.05250.x

Finfgeld-Connett, D. (2014a). Intimate partner abuse among older women: Qualitative systematic review. *Clinical Nursing Research, 23,* 664-683. doi: 10.1177/1054773813500301

Finfgeld-Connett, D. (2014b). Meta-synthesis findings: Potential versus reality. *Qualitative Health Research, 24,* 1581-1591. doi: 10.1177/1049732314548878

Finfgeld-Connett, D. (2015a). Intimate partner violence and its resolution among African American women. *Global Qualitative Nursing Research, 2,* 1-8. Retrieved from http:// journals.sagepub.com/doi/pdf/10.1177/2333393614565182

Finfgeld-Connett, D. (2015b). Qualitative systematic review of intimate partner violence among Native Americans. *Issues in Mental Health Nursing, 36,* 754-760. doi: 10.3109/ 01612840.2015.1047072

Finfgeld-Connett, D. (2017). Intimate partner violence and its resolution among Mexican Americans. *Issues in Mental Health Nursing, 38,* 464-472. doi: 10. 1080/01612840. 2017.1284968

Finfgeld-Connett, D., & Johnson, E. D. (2013). Abused South Asian women in westernized countries and their experiences seeking help. *Issues in Mental Health Nursing, 34*, 863-873. doi: 10.3109/01612840.2013.833318

Polit, D. F., & Beck, C. T. (2017). *Nursing research: Generating and assessing evidence for nursing practice* (10th ed.). Philadelphia, PA: Wolters Kluwer.

Snyder, B. L. (2016). Women's experience of being interviewed about abuse: A qualitative systematic review. *Journal of Psychiatric and Mental Health Nursing, 23*, 605-613. doi: 10.1111/jpm.12353

데이터 수집 및 표집

제3장

데이터 수집 및 표집

데보라 핀프겔드 – 코넷(Deborah Finfgeld-Connett),
E. 다이앤 존슨(E. Diane Johnson)

 3장에서는 데이터 수집 및 표집의 목적을 다룬다. 이와 함께 데이터 수집에 필요한 자원과 도구를 검토하고, 이론-생성 메타합성 연구에 포함되어야 할 연구 보고서(research report)의 유형을 살펴본다. 또한 이론적 탐색(Theoretical Searching)[1]과 이론적 표집(Theoretical Sampling)[2]의 원칙을 비롯하여 문헌을 효율적이고 효과적으로 탐색하는 전략에 대해 논의한다.

데이터 수집 및 표집의 목적

 이론-생성 메타합성 연구를 수행할 때 데이터 수집의 목적은 과정 이론(Process Theory)[3]을 완전히 설명할 수 있는, 편향되지 않은 출판된 질적

---

1 역자주: 이론적 탐색(Theoretical Searching)은 연구에서 특정 이론적 틀이나 개념을 발전시키기 위해 관련 문헌과 데이터를 탐색하는 과정을 의미한다. 이는 단순한 자료 수집을 넘어, 연구자가 설정한 이론적 틀과 관련된 문헌, 연구, 개념을 의도적으로 찾아 수집하는 작업을 포함한다.

2 역자주: 이론적 표집(Theoretical Sampling)은 질적 연구, 특히 근거이론 연구에서 중요한 개념으로, 연구자가 수집하는 데이터의 질과 관련성을 고려하여 이론적 틀과 연구 목적에 맞춰 샘플을 선택하는 방법이다. 이는 연구자가 연구를 진행하면서 이론을 확장하거나 발전시키기 위해 필수적인 정보를 선별적으로 수집하는 방식을 의미한다.

3 역자주: 과정 이론(Process Theory)은 사건, 활동, 변화의 과정과 이러한 과정이 시간이 지남에 따라 어떻게 전개되는지를 설명하는 이론적 접근이다. 이는 정적인 구조나 상태보다는 변화와 발전을 강조하며, 시간이 흐르면서 발생하는 일련의 사건이나 행위들 간의 관계를 이해하는 데 중점을 둔다. 특히 복잡하고 역동적인 환경에서 일어나는 사건과 변화를 이해하고 설명하는 데 유용하다.

연구 또는 혼합방법 연구 보고서의 표본을 수집하는 것이다. 일반적으로 편향(bias)은 '연구 결과를 왜곡하고 타당성을 저해하는 모든 영향'을 의미한다(Politis & Beck, 2017, p. 720). 이론 생성 연구(theory-generating research)의 경우 대표성이 부족한 표본은 편향의 주요 원인 중 하나가 된다. 이러한 문제를 방지하는 주요 방법은 종합적인 최첨단의 연구 도서관이 지원하는 서비스를 활용하여 연구 주제와 관련된 보고서를 여러 학문 분야별 데이터베이스에서 광범위하고 능숙하게 검색하는 것이다. 또한, 분석을 위해 이론적 표집 전략을 전문적으로 적용하여 편향되지 않은 연구 보고서를 수집함으로써 대표성이 부족한 표본을 제외할 수 있다. 이러한 전략은 이 장 전반에 걸쳐 논의한다.

　　이러한 보고서에서 추출된 질적 연구 결과는 분석을 위한 원자료(raw data)를 구성한다. 새롭게 도출된 이론(emergent theory)의 타당성은 포화(saturation) 또는 적합성(fit)에 기반하며, 포화 상태에 도달하거나 적합성이 확보되는 시점이 데이터 수집을 종료할 시점을 의미한다. 데이터 수집은 포화 또는 적합성의 지점에 도달하면 새롭게 도출된 개념(emergent concept)이나 그 관계를 철저히 검증할 필요가 없으며, 데이터 수집을 더 이상 진행하지 않아도 된다. 따라서 이론-생성 메타합성 연구에서 데이터 수집의 목표는 철저한 데이터 수집보다는 이론적 데이터 수집에 있다(Finfgeld-Connett & Johnson, 2013).

　　이론적 표집[주1]은 연구 표본(study sample)에 포함할 보고서를 탐색하고 선택하는 반복적 과정을 거친다. 표집은 상황에 맞는 이론을 생성하는 데 필요한 연구 보고서 유형에 대한 예비적인 가정(preliminary assumptions)을 기반으로 시작된다. 이후, 새롭게 도출된 이론의 간극을 메우고 코딩 범주를 포화시킬 수 있도록 검색 및 표집 전략은 수정될 수 있다.

　　이론-생성 메타합성 연구의 원자료는 공개 도메인(public domain)에 있는 출판된 1차 연구 보고서에서 추출된 질적 연구 결과로 구성된다. 이론-생성 메타합성 연구는 분석되지 않은 원자료가 아니라 이미 공개된 연구 결과만을 사용하기 때문에, 기관생명윤리위원회(IRB) 승인이 필요하지 않다.

사전 문헌 검색

이론-생성 메타합성 연구의 초기 단계에서는 기존 문헌이 어떤 내용을 뒷받침할지 불분명한 경우가 많다. 따라서 주제와 관련된 질적 연구 보고서 모음(pool)이 유효한 이론을 생성하기에 충분한지 확인하기 위해 사전 문헌을 검색하고 검토하는 것이 좋다(Finfgeld, 2003; Finfgeld-Connett & Johnson, 2013). 이러한 사전 검색의 범위가 넓어질 경우 독립적인 문헌 검토(standalone review of the literature), 즉 범위 검토(scoping review)를 수행해야 할 수도 있다(Arksey & O'Malley, 2005). 이론-생성 메타합성 연구에서 이러한 검토의 주요 목적은 정밀한 합성을 위해 사용할 수 있는 문헌의 양과 유형을 파악하는 것이다.

자원

환경

충분한 표본을 확보하기 위해 이론-생성 메타합성 연구자는 연구 중심 대학(research-intensive university)이 제공하는 최첨단 학술 도서 서비스를 활용하는 것이 좋다. 이론-생성 메타합성 연구를 수행하려면 광범위한 전자 참고문헌 데이터베이스와 학제 간 연구 저널의 포괄적인 컬렉션에 접근할 수 있어야 하기 때문이다.

연구 보고서

질적 연구 결과를 포함한 연구 보고서는 동료 심사(peer-reviewed) 출판물뿐만 아니라, 동료 심사를 거치지 않은(non-peer-reviewed) 출판물도 표본에 포함될 수 있다. 동료 심사를 거친 논문은 학술지에 게재되며, 게재 전에 이중 블라인드 심사(double-blind review process)를 거친다. 동료 심사를 거치지 않은 출판물에는 정부 문서, 논문, 학위 논문뿐만 아니라 일부 학술

논문, 책, 북 챕터 등도 포함될 수 있다. 그러나 이론적 논문, 비평 문헌, 현장 노트, 사례 기록, 시, 소설, 연극, 이야기(stories) 등은 엄격한 질적 연구의 결과물이 아니므로 이론-생성 메타합성 연구 표본으로는 적절하지 않다(Sandelowski & Barroso, 2003).

디지털화된 연구 보고서 사본은 쉽게 다운로드 및 저장할 수 있으며, 연구팀원 간에 공유가 용이하기 때문에 메타합성 연구에 이상적이다. 또한 전자 사본(electronic copies)은 쉽게 검색하고, 주석을 달 수 있으며, 입력 오류 없이 원자료(즉, 질적 연구 결과)를 추출하여 분석할 수 있어서 유용하다.

전통적인 동료 심사 저널(peer-reviewed journal)이 아닌 출판물에 게재된 연구 보고서는 세 가지 점에서 활용 가능성이 있다. 첫째, 이러한 유형의 보고서는 상업적인 출판 과정에서 동료 심사를 거치지 않았더라도 완성되기 전에 학자들(예: 교수, 숙련된 연구자 등)의 검토를 받았을 가능성이 높다. 둘째, 이러한 보고서는 기존 학술지에 게재된 논문과 달리 페이지 제한이 없기 때문에 연구 방법에 대한 심층적인 설명과 풍부한 연구 결과를 제공할 수 있다. 셋째, 학위논문과 같은 자료에 접근하는 데 비용이 발생할 수 있지만, NDLTD(Networked Digital Library of Theses and Dissertations: http://search.ndltd.org/)와 같은 웹 사이트를 통해 사용자가 전자 사본을 저렴하게 또는 무료로 이용할 수 있는 추세이다(Finfgeld-Connett & Johnson, 2013; Macduff et al., 2016; Toews et al., 2017).

참고문헌 데이터베이스

디지털 시대에 문헌 검색은 기본적으로 컴퓨터를 기반으로 한 활동이므로, 전자 데이터베이스(예: Cumulative Index to Nursing and Allied Health Literature [CINAHL], PubMed, PsycINFO, Scopus 등)를 사용하여 1차 질적 연구 보고서를 체계적으로 검색해야 한다. 참고문헌 데이터베이스(reference database)는 개별적으로 검색할 수도 있고, 그룹으로 검색할 수도 있다. 그룹으로 검색하는 경우 EBSCOhost와 같은 검색 인터페이스(search interface)

를 사용하여 CINAHL, PsycINFO, MEDLINE 등 여러 데이터베이스를 동시에 검색할 수 있다(EBSCO Support, n.d.). 그러나 이러한 검색 인터페이스의 명백한 장점에도 불구하고, 각 데이터베이스의 검색 기능은 개별적으로 접근할 때만 최적화할 수 있기 때문에 메타합성 연구자들은 신중하게 사용해야 한다.

데이터베이스(예: CINAHL, PsycINFO, MEDLINE)는 각각 고유한 기능을 가지고 있어 이를 최대한 활용하기 위해서는 전문 지식과 기술이 필요하다. 다행히 온라인에서 데이터베이스에 대한 정보 및 학습자료(tutorial)를 쉽게 이용할 수 있다(예: CINAHL: http://support.ebsco.com/cinahl/; PubMed: www.nlm.nih.gov/bsd/disted/pubmed.html). 또한, 메타합성 연구자는 참고문헌 데이터베이스 검색 전문가인 전문 사서(professional reference librarian)와 상담하는 것이 좋다. 가능하면 메타합성 연구비 신청서에 전문 사서를 포함하도록 한다.

특별히 주의해야 할 참고문헌 데이터베이스에는 세 가지가 있다. 첫 번째와 두 번째는 MEDLINE과 PubMed로, 이 두 데이터베이스는 하나의 메타합성 연구에서 동시에 검색되는 경우가 있다. 그러나 두 데이터베이스를 동시에 검색하기 전에 몇 가지 요인을 고려해야 한다. 우선, PubMed는 MEDLINE에 포함된 모든 기록뿐만 아니라 MEDLINE에 완전히 색인되지 않은 하위 기록들도 추가로 포함한다. 여기에는 MEDLINE에 색인이 진행 중인 기록, MEDLINE의 색인 기준을 충족하지 못한 저널 기록, 그리고 PubMed Central(PMC) 저장소(repository)에 보관된 기록 등이 포함된다. 반면, MEDLINE은 PubMed보다 더 정밀한 검색 기능을 제공하여 보다 구체적이고 목표 지향적인 결과를 도출할 수 있다(U.S. National Library of Medicine, 2016).

결국, 이론-생성 메타합성 연구자는 참고문헌의 중복이 많은 PubMed와 MEDLINE을 동시에 검색하여 시간을 낭비하는 비효율적인 행위를 피하는 것이 좋다. 대신, 두 데이터베이스의 장단점을 이해하고 각 데이터베이스를 검색하기에 가장 적절한 시점을 정보에 근거하여 결정해야 한다. 예

를 들어, 이론적 표집에 따라 광범위한 검색이 목표인 경우에는 PubMed
가 적절할 수 있으며, 보다 구체적이고 집중적인 검색이 필요한 경우에는
MEDLINE이 더 적합할 수 있다.

  또 다른 주목할 만한 데이터베이스는 Google Scholar이다. Google
Scholar는 잘 알려져 있으며, 동료 심사를 거치지 않은 문헌(non-peer-
reviewed literature)까지 검색할 수 있는 기능이 있어 자주 사용된다. 그러나
다음의 몇 가지 이유로 이론-생성 메타합성 연구에서는 제한적으로 사용된
다. 첫째, Google Scholar의 검색 기능은 학술 검색 엔진에서 제공되는 기
능보다 덜 정밀하며 결과를 세분화할 수 있는 옵션도 제한적이다. 따라서
단일 검색으로 최대 1,000개의 참고문헌을 확인할 수 있지만, 대체로 처음
50~100개의 참고문헌이 관련성이 높은 경우가 많다. 둘째, Google Scholar
에서 대량의 검색 결과를 참고문헌 관리 소프트웨어(reference management
software)로 다운로드하는 것이 불가능하지는 않지만 어렵고, 중복 항목
을 체계적으로 제거하고 참고문헌을 정렬하는 과정도 까다로울 수 있다.
셋째, Google Scholar의 검색 알고리즘은 지속적으로 변경되기 때문에 동
일한 검색 결과를 일관되게 얻기 어렵다. 이러한 특성으로 인해 Google
Scholar는 범위가 좁거나 매우 구체적인 주제를 일회성으로 검색하는 데
적합한 경향이 있다(Bramer, 2016; Guistini & Boulos, 2013; Pannabecker &
Pardon, 2013; Shultz, 2007).

  이론-생성 메타합성 연구를 완료하기 위해 검색해야 하는 참고문헌 데
이터베이스의 수에 관한 명확한 기준은 없다. 다만, 이론적 표집 및 연구 결
과의 타당성과 일반화 가능성을 확보하기 위해 주제와 관련된 여러 데이
터베이스를 사용해야 한다. 예를 들어, 북미 원주민의 친밀한 파트너 폭력
에 관한 연구에서는 다섯 개의 학제 간 데이터베이스가 검색에 사용되었
다(예: CINAHL, GenderWatch, PubMed, Social Services Abstracts, Social Work
Abstracts[Finfgeld-Connett, 2015b]). 이러한 각 데이터베이스의 범위는 표 3.1
에서 확인할 수 있다.

표 3.1 북미 원주민의 친밀한 파트너 폭력과 관련된 메타합성을 위해 검색한 데이터베이스(Finfgeld-Connett, 2015b)

데이터베이스	범위
CINAHL	간호 및 관련 보건 분야
GenderWatch	여성과 여성 문제
PubMed	생명과학, 행동과학, 화학과학 및 생명공학의 일부를 포함한 생명의학 및 보건 분야
Social Services Abstracts	사회복지 사업; 인적 서비스, 사회복지, 사회 정책, 지역사회 개발 등 관련 분야
Social Work Abstracts	사회복지 사업

문헌 검색

이론적 탐색

이론-생성 메타합성 연구에서는 타당하고, 맥락에 초점을 맞추면서, 일반화할 수 있는 이론을 충분히 설명하기 위해 검색 전략을 주기적으로 확장하거나 축소하는 이론적 문헌 검색이 필요하다. 초기 검색은 연구 주제에 맞춰 진행되지만, 주제가 세부적으로 조정되면서 검색 전략이 수정되는 경우가 많다(Finfgeld-Connett & Johnson, 2013). 예를 들어, 히스패닉 여성의 친밀한 파트너 폭력과 관련된 이론-생성 메타합성을 진행하는 과정에서, 합법적이든 불법적이든 미국에 거주하는 멕시코계 여성과 관련된 연구보고서의 표적 표본(targeted sample)을 수집하기 위해 검색 전략을 지속적으로 세밀하게 조정했다(Finfgeld-Connett, 2017).

검색어

연구자는 일반적으로 주제와 관련된 검색어 목록(예: 표 3.2)을 포괄적으로 작성한 후, 각 참고문헌 데이터베이스의 고유한 기능을 최적화할 수 있도록 이를 조정하여 문헌 검색을 시작한다. 예를 들어, MEDLINE 에서 관련 결과를 최대한 확보하기 위해서는 의학 주제 표목(Medical Subject Headings), 즉 MeSH[4] 용어를 사용해야 하지만 CINAHL, Embase, PsycINFO는 각각 고유한 주제 표목 체계를 가지고 있다.

질적 연구 보고서와 양적 연구 보고서를 구분할 수 있는 보편적인 검색어는 존재하지 않지만, CINAHL과 PsycINFO는 검색 결과를 질적 연구 논문으로 제한할 수 있는 필터를 제공한다. 이 기능을 사용할 수 없는 경우, 연구자는 '질적' 또는 '인터뷰'와 같은 검색어를 사용하여 검색 결과를 질적 연구 논문으로 한정하는 것이 좋다(Flemming & Briggs, 2007; Gorecki, Brown, Briggs, & Nixon, 2010). 맥마스터 대학(McMaster University)의 헤지스 프로젝트(http://hiru.mcmaster.ca/hiru/HIRU_Hedges_home.aspx)에서 제공하는 전문적으로 설계된 검색 전략, 예를 들어 필터(filters) 또는 헤지(hedges)를 통해 질적 연구 보고서를 검색할 수도 있지만, 모든 검색에서 정확성과 민감도가 항상 일관되게 유지되지는 않는다(Flemming & Briggs, 2007).

표 3.2 여성과 약물 남용 관련 초기 검색어

약물 남용 관련 용어	성별에 따른 특정 용어
알코올 남용*	여성(생물학적)*
알코올 중독*	성별
암페타민*	모*
코카인	어머니*
디자이너 약물	부모*
약물남용	임신*
과음자*	여성(사회적)
헤로인	여성들

4　역자주: MeSH(medical subject headings)는 미국국립의학도서관(National Library of Medicine, NLM)에서 책, 논문, 자료 등을 분류하기 위해 사용하는 계층화된 통제 의학용어 체계이다. MeSH 체계는 연구자가 논문을 검색할 때 검색의 정확성과 효율성을 높여 관련 문헌을 효과적으로 찾을 수 있도록 도와준다. 이를 통해 연구 결과와 관련된 문헌 검색의 효율성이 증가하며, 과학적 연구의 질이 향상될 수 있다.

불법 약물(Illegal drug)*	
불법 약물(Illicit drug)*	
흡입제 남용	
대마초(Marijuana)	
대마초(Marihuana)	
필로폰(Meth)	
필로폰(Methamphetamine)*	
마약*	
아편제 남용	
오피오이드 남용	
길거리 마약	
약물 남용*	
약물 오용	
중독	
중독자	
알코올 및 기타 약물 남용	
마약사범	

*주: 검색어 끝에 별표(*)를 붙이면 해당 단어의 모든 형태를 찾을 수 있다. 예를 들어, abuse*는 해당 용어의 모든 형태
(예: abuses, abuser 등)를 포함한다.

이론-생성 메타합성을 수행하는 데 사용되는 모든 검색 전략은 데이터
수집 과정의 일부이므로, 검색 결과와 함께 검색 날짜를 명확하게 기록하
고 전자적으로 저장해야 한다. 문서화된 검색 전략(부록 3의 표 A3.1 참조)은
연구 감사 추적(research audit trail)의 일부로, 연구 과정을 투명하게 만드는
데 도움이 된다. 또한, 검색 전략은 연구 과정을 설명하기 위해 출판물에 포
함할 수 있으며, 검색 결과를 업데이트해야 하는 경우 출발점(starting point)
으로 활용할 수 있다(DeJean, Giacomini, Simeonov, & Smith, 2016).

출판 날짜 제한

검색 결과는 출판 날짜를 기준으로 조정할 수 있지만, 기준 날짜(cutoff
points)를 설정할 때는 그에 대한 충분한 근거가 있어야 한다. 예를 들어, 혁
신적인 변화(예: C형 간염에 대한 항바이러스 치료 도입)로 인해 의료 전략이
변경되어 특정 시점 이전의 연구 결과가 더 이상 관련이 없는 경우, 치료 전

략이 바뀐 시점을 역사적 기준일(historical cutoff date)로 설정하는 것이 적절하다(Barroso, Sandelowski, & Voils, 2006). 반면, 단순히 검색 결과 수를 제한하기 위해 기준일을 설정하는 것은 관련 연구 보고서를 누락시켜 표본에 편향을 초래할 위험이 있다.

언어 제한

대부분의 과학 연구 보고서는 영어로 출판되지만, 맥락에 특화된 이론-생성 메타합성을 수행할 때는 비영어권 보고서를 포함하는 것도 고려해야 한다. 예를 들어, 아마존 지역의 출산 관행을 연구할 때 브라질의 공용어인 포르투갈어로 작성된 연구 보고서는 매우 유용할 수 있다. 따라서 이론-생성 메타합성 연구에서 맥락별 의미를 제대로 반영하기 위해서는 전문성이 요구되는 번역 작업 비용을 전체 연구 예산에 반영해야 한다(Toews et al., 2017; Van Weijen, 2012).

역방향 및 순방향 검색

이론-생성 메타합성 연구 표본에 포함할 연구 보고서를 선정한 후에는 역방향 및 순방향 인용 검색(citation searching)을 수행한다. 일반적으로 선행 연구 검색(ancestral searching)이라고 하는 역방향 검색(backward citation searching)은 표본에 포함된 보고서의 참고문헌 목록을 검토하여 유사한 유형의 문서를 찾는 방식으로 이루어진다. 순방향 검색(forward citation searching)은 인용된 참고문헌 검색(cited reference searching)이라고도 하며, 연구 표본에 포함된 핵심 문서를 선정한 후 해당 문서가 인용된 관련 보고서를 시간순으로 검색하는 것을 의미한다(Finfgeld-Connett & Johnson, 2013). 이 두 가지 검색 유형은 Scopus와 같은 전자 데이터베이스를 활용하여 실행할 수 있으며, 연구자는 이를 통해 역방향 및 순방향 검색으로 확인한 참고문헌과 초록을 모두 검토할 수 있다.

주요 저자 및 학술지 검색

특정 주제 분야의 전문가가 확인되면 해당 전문가의 이름을 사용하여 연구 포함 기준(inclusion criteria)을 충족하는 연구 보고서를 검색할 수 있다. 또한 온라인에서 주요 학술지 전체(complete volumes)를 검색하여 다른 검색 방법으로는 간과했을 수도 있는 논문을 확인할 수 있다(Barroso et al., 2003; Finfgeld-Connett & Johnson, 2013). 예를 들어, 친밀한 파트너 폭력과 관련된 메타합성을 수행할 때, Journal of Family Violence, Journal of Interpersonal Violence, Violence Against Women과 같은 학술지를 온라인에서 검색했다(Finfgeld-Connett, 2015a).

목차 알림

이론-생성 메타합성 연구는 완료하는 데 보통 몇 달이 걸린다. 연구 기간 동안 연구자는 연구 포함 기준을 충족할 수 있는 새로 출판된 논문을 파악하기 위해 목차 알림(TOC alerts)을 신청할 수 있다. 목차 알림은 이메일로 전송되며, 최근 발행된 학술지의 목차뿐만 아니라 이전에 출판된 논문 목록도 제공한다. PubMed를 통해 목차 알림을 구독하는 방법에 대한 학습 자료(tutorial)는 온라인에서 확인할 수 있다(www.nlm.nih.gov/bsd/viewlet/myncbi/jourup/index.html). 또한, 출판사 웹사이트(예: http://olabout.wiley.com/WileyCDA/Section/id-404511.html)나 개별 학술지 웹사이트(예: http://wjn.sagepub.com/cgi/alerts)를 통해 목차 알림을 설정할 수 있다.

주제별 문헌을 최신 상태로 유지하는 또 다른 방법은 데이터베이스 업데이트에 등록하는 것이다. 이를 위해 참고문헌 데이터베이스(예: CINAHL, PsycINFO)에 접속하여 계정을 생성하고 검색을 실행한 후 동일한 검색 전략을 사용하여 주기적인(예: 매월) 이메일 업데이트(periodic e-mail updates)를 요청할 수 있다. 이러한 유형의 이메일 알림을 설정하는 방법에 대한 학습 자료는 학술 도서관 웹사이트나 데이터베이스 웹사이트(예: EBSCOhost: http://support.ebsco.com/knowledge_base/detail.php?id=4002)에서 확인할 수 있다.

이론적 표집

이론-생성 메타합성 연구를 수행할 때, 이론적 표집은 이론 개발의 필요에 따라 연구 보고서를 의도적으로 선별하는 과정을 거친다. 연구 주제와 목적에 따라 데이터 수집 초기 단계에서 포함 및 제외 기준을 설정할 수 있지만, 연구자는 이러한 기준을 너무 성급하게 설정하지 않도록 주의해야 한다. 기준을 너무 일찍 설정하면 이론적 표집과 이론 개발이 불필요하게 제한될 수 있기 때문이다.

연구 주제의 범위에 따라 문헌을 검색하면, 참고문헌 관리 소프트웨어(reference management software)에 다운로드해야 하는 참고문헌의 수는 수백 개에서 수천 개에 이를 수 있다. EndNote™와 같은 참고문헌 관리 소프트웨어는, 이론-생성 메타합성 연구 주제와의 관련성을 검토하기 전에 중복된 참고문헌을 효율적으로 제거하는 데 이상적이다(Barroso et al., 2003). 참고문헌 관리 소프트웨어를 활용하여 각 논문의 제목과 초록을 면밀히 검토한 후, 주제의 관련성이나 연구 방법에 따라 참고문헌을 연구 데이터베이스에 포함하거나 제외해야 한다. 경우에 따라 연구 포함 기준을 충족하는지 확인하기 위해 논문 파일 원본을 확보해야 하는 경우도 있다(그림 3.1 참조).

참고문헌이 이론-생성 메타합성 연구 샘플에 포함되면, EndNote™와 같은 참고문헌 관리 소프트웨어를 활용해 인종, 지역, 문화, 연령, 성별 등과 같은 다양한 연구 속성에 따라 연구 보고서를 분류할 수 있다(예: 스크린샷 3.1). 이러한 방식으로 참고문헌을 정리하면, 연구자가 특정 맥락에 맞는 참고문헌이 충분히 포함되어 있는지를 평가하여 이론-생성 메타합성의 타당성을 확인하는 데 특히 유용하다. 검색 결과의 양에 따라 참고문헌을 분류하고 선별하는 작업에는 몇 주가 소요될 수 있으며, 연구자는 이 중요한 연구 과정 단계를 수행하기 위해 충분한 시간을 확보해야 한다.

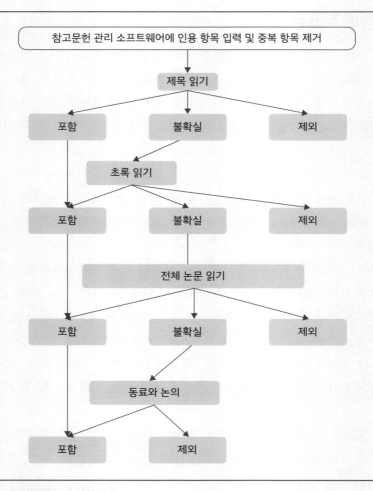

그림 3.1 연구 보고서 선정 과정

스크린샷 3.1 참고문헌 정리를 위한 EndNote™의 구성

연구 보고서의 질 평가

비판적 평가 체크리스트(Critical Appraisal Skills Program Checklist)(부록 5 [CASP, 2014] 참조)와 같은 평가 도구는, 연구자가 연구 보고서의 질을 평가하고 해당 보고서가 메타합성 표본에 포함될 수 있는지 여부에 대한 적합성을 판단하는 데 사용된다. 평가 도구를 활용한 적합성 평가 방법은 일부 메타합성 연구자들이 지지하는 방법이지만 몇 가지 주의할 점이 있다. 첫째, CASP와 같은 평가 도구는 연구 전체를 평가하는 데는 한계가 있으며, 질 평가 체크리스트와 관련된 부분만 평가할 수 있다. 둘째, 질적 연구 방법의 다양성으로 인해 질적 수준을 판단하는 데 편향이 생길 위험이 있다. 셋째, 질 평가 도구를 사용하더라도 연구 보고서가 질적 수준의 문제로 제외되는 경우는 거의 없다. 대신, 연구자는 주로 보고서에 대한 이해를 높이기 위해 이러한 도구를 활용하는 경우가 많다(Dalton, Booth, Noyes, & Sowden, 2017; Finfgeld-Connett, 2014; Sandelowski & Barroso, 2002; Thorne, 2009, 2017).

연구자가 질적 연구 방법이나 질적 연구 보고서의 특성에 익숙하지 않은 경우 비판적 평가 체크리스트와 같은 평가 도구가 유용할 수 있다.

이론-생성 메타합성 연구를 수행할 때, 분석 단위는 연구 보고서 자체가 아니라 그 보고서에서 도출된 질적 연구 결과이다(Finfgeld-Connett, 2014). 따라서 연구자는 연구 보고서의 질적 수준을 평가하는 대신 데이터 분석 과정에서 원자료(즉, 질적 연구 결과)의 타당성을 평가해야 한다. 이 방법에 대한 자세한 설명은 5장에서 다룬다.

표본 크기

메타합성 연구를 완료하는 데 필요한 연구 보고서의 수는 처음부터 정확히 알 수 없다(Finfgeld, 2003). 문헌(literature) 자료가 연구 주제 측면에서 이론-생성 메타합성 연구를 뒷받침할 수 있는지 여부를 판단할 때는 두 가지 핵심 요소를 고려해야 한다. 첫 번째는 타당성을 확보할 수 있을 만큼의 충분한 연구 보고서가 존재하는지 여부이다. 일반적으로 원자료(즉, 1차 질적 연구 결과)가 풍부할수록 필요한 연구 보고서의 수는 줄어든다. 예를 들어, 용기와 장기적인 건강 문제 관리(management of long-term health concerns)와 관련된 이론은 여섯 편의 풍부한 연구 보고서 표본을 기반으로 생성되었다(Finfgeld, 1999). 반면, 약물 남용 문제가 있는 노숙 여성의 인지된 역량 모델을 개발하기 위해서는 훨씬 더 많은 표본(N=60)이 필요했다(Finfgeld-Connett, Bloom, & Johnson, 2012). 이는 부분적으로 분석에 사용된 질적 결과 중 상당수가 간략하게 기술되어 있거나, 범주 및 주제 간의 관계가 충분히 설명되지 않은 경우가 많아 더 큰 표본이 필요했기 때문이다.

이론-생성 메타합성 연구를 수행하는 데 필요한 연구 보고서의 수를 추정할 때 고려해야 할 또 다른 요소는 1차 연구에서 여러 연구 보고서가 생성되었는지 여부이다. 단일 표본에서 나온 결과가 여러 보고서에 걸쳐 제시되면, 다각화가 이루어진 것처럼 잘못 인식할 수 있다. 게다가, 연구 결과가 여러 보고서에서 중복으로 보고될 경우, 포화 상태에 대한 근거 없는 결론(unjustified conclusions)에 도달할 위험이 있다(Finfgeld, 2003).

학습 활동

1. PubMed(www.nlm.nih.gov/bsd/disted/pubmed.html) 또는 CINAHL (http://support.ebsco.com/cinahl/)과 같은 학술 참고문헌 데이터베이스와 관련된 온라인 자료 학습(online tutorial)을 완료한 후, 효율적이고 효과적으로 질적 연구 문헌의 주제 검색을 수행해 보시오.

2. 질적 연구 문헌의 주제별 검색 결과를 EndNote™와 같은 참고문헌 관리 소프트웨어에 다운로드하여 중복 항목을 제거하고 나머지 항목(예: 인종, 연령 등)을 분류해 보시오.

주

1 Glaser와 Strauss(1967)가 근거이론을 생성하기 위해 개발한 표집 방법

참고문헌

Arksey, H., & O'Malley, L. (2005). Scoping studies: Towards a methodological framework. *International Journal of Social Research Methodology: Theory G Practice, 8*, 19-32. doi: 10.1080/1364557032000119616

Barroso, J., Gollop, C. J., Sandelowski, M., Meynell, J., Pearce, P. F., & Collins, L. J. (2003). The challenges of searching for and retrieving qualitative studies. *Western Journal of Nursing Research, 25*, 153-178. doi: 10.1177/0193945902250034

Barroso, J., Sandelowski, M., & Voils, C. I. (2006). Research results have expiration dates: Ensuring timely systematic reviews. *Journal of Evaluation in Clinical Practice, 12*, 454-462. doi: 10.1111/j.1365-2753.2006.00729.x

Bramer, W. M. (2016). Variation in number of hits for complex searches in Google Scholar. *Journal of the Medical Library Association: JMLA, 104*, 143-145. doi: 10.3163/1536- 5050.104.2.009

Critical Appraisal Skills Programme (CASP). (2014). *Qualitative research checklist 31.05.13*. Retrieved from http://media.wix.com/ugd/dded87_29c5b002d99342f 788c6ac670e 49f274.pdf

Dalton, J., Booth, A., Noyes, J., & Sowden, A. J. (2017). Potential value of systematic reviews of qualitative evidence in informing user-centered health and social care: Findings from a descriptive overview. *Journal of Clinical Epidemiology*. Advance online publication. doi: 10.1016/j.jclinepi.2017.04.020

DeJean, D., Giacomini, M., Simeonov, D., & Smith, A. (2016). Finding qualitative research evidence for health technology assessment. *Qualitative Health Research, 26*, 1307-1317. doi: 10.1177/1049732316644429

EBSCO Support. (n.d.). *What is the difference between a "database" and an "interface?"* Retrieved from http://support.epnet.com/knowledge_base/detail.php?id=4162

Finfgeld, D. L. (1999). Courage as a process of pushing beyond the struggle.

Qualitative Health Research, 9, 803-814. doi: 10.1177/104973299129122298

Finfgeld, D. L. (2003). Meta-synthesis: The state of the art—so far. *Qualitative Health Research, 13*, 893-904. doi: 10.1177/1049732303253462

Finfgeld-Connett, D. (2014). Use of content analysis to conduct knowledge-building and theory-generating qualitative systematic reviews. *Qualitative Research, 14*, 341-352. doi: 10.1177/1468794113481790

Finfgeld-Connett, D. (2015a). Intimate partner violence and its resolution among African American women. *Global Qualitative Nursing Research, 2*, 1-8. Retrieved from http:// doi.org/10.1177/2333393614565182

Finfgeld-Connett, D. (2015b). Qualitative systematic review of intimate partner violence among Native Americans. *Issues in Mental Health Nursing, 36*, 754-760. doi: 10.3109/ 01612840.2015.1047072

Finfgeld-Connett, D. (2017). Intimate partner violence and its resolution among Mexican Americans. *Issues in Mental Health Nursing, 38*, 464-472. doi: 10.1080/01612840. 2017.1284968

Finfgeld-Connett, D., Bloom, T. L., & Johnson, E. D. (2012). Perceived competency and resolution of homelessness among women with substance abuse problems. *Qualitative Health Research, 22*, 416-427. doi: 10.1177/1049732311421493

Finfgeld-Connett, D., & Johnson, E. D. (2013). Literature search strategies for conducting knowledge-building and theory-generating qualitative systematic reviews. *Journal of Advanced Nursing, 69*, 194-204. doi: 10.1111/j.1365-2648.2012.06037.x

Flemming, K., & Briggs, M. (2007). Electronic searching to locate qualitative research: Evaluation of three strategies. *Journal of Advanced Nursing, 57*, 95-100. doi: 10.1111/j. 1365-2648.2006.04083.x

Giustini, D., & Boulos, M. N. K. (2013). Google Scholar is not enough to be used alone for systematic reviews. *Online Journal of Public Health Informatics, 5*(2), 1-9. Retrieved from http://dx.doi.org/10.5210/ojphi.v5i2.4623

Glaser, B. J., & Strauss, A. L. (1967). *The discovery of grounded theory: Strategies for qualitative research*. Hawthorne, NY: Aldine de Gruyter.

Gorecki, C. A., Brown, J. M., Briggs, M., & Nixon, J. (2010). Evaluation of five search strategies in retrieving qualitative patient-reported electronic data on the impact of pressure ulcers on quality of life. *Journal of Advanced Nursing, 66,* 645-652. doi: 10.1111/j.1365-2648.2009.05192.x

Macduff, C., Goodfellow, L., Leslie, G., Copeland, S., Nolfi, D., & Blackwood, D. (2016). Harnessing our rivers of knowledge: Time to improve nursing's engagement with electronic theses and dissertations. *Journal of Advanced Nursing, 72,* 2255-2258. doi: 10.1111/jan.12821

Pannabecker, V., & Pardon, K. (2013). *How do Google, Google Scholar, and other Google tools help health professionals navigate the oceans of information?* Poster Presentation at MLGSCA/ NCNMLG Joint Meeting, 2013, UCSD, La Jolla, CA. Retrieved from https://reposi- tory.asu.edu/attachments/110702/content/Poster.pdf

Polit, D. F., & Beck, C. T. (2017). *Nursing research: Generating and assessing evidence for nursing practice* (10th ed.). Philadelphia, PA: Wolters Kluwer.

Sandelowski, M., & Barroso, J. (2002). Reading qualitative studies. *International Journal of Qualitative Methods, 1,* 74-108. Retrieved from https://ejournals.library.ualberta.ca/ index.php/IJQM/article/download/4615/3764

Sandelowski, M., & Barroso, J. (2003). Classifying the findings in qualitative studies. *Qualitative Health Research, 13,* 905-923. doi: 10.1177/1049732303253488

Shultz, M. (2007). Comparing test searches in PubMed and Google Scholar. *Journal of the Medical Library Association, 95,* 442-445. doi: 10.3163/1536-5050.95.4.442

Thorne, S. (2009). The role of qualitative research within an evidence-based context: Can meta-synthesis be the answer? *International Journal of Nursing Studies, 46,* 569-575. doi: 10.1016/j.ijnurstu.2008.05.001

Thorne, S. (2017). Metasynthetic madness: What kind of monster have we created? *Qualitative Health Research, 27,* 3-12. doi: 10.1177/1049732316679370

Toews, I., Booth, A., Berg, R. C., Lewin, S., Glenton, C., Munthe-Kaas, H. M., … Meerpohl, J. J. (2017). Dissemination bias in qualitative research: Conceptual con- siderations. *Journal of Clinical Epidemiology.* Advance online publication. doi: 10.1016/j. jclinepi.2017.04.010

U.S. National Library of Medicine. (2016). Fact sheet. *MEDLINE, PubMed, and PMC (PubMed Central): How are they different?* Retrieved from www.nlm.nih.gov/

pubs/ factsheets/dif_med_pub.html

van Weijen, D. (2012, November). The language of (future) scientific communication. *Research Trends*, 31. Retrieved from www.researchtrends. com/issue-31-november-2012/the-language-of-future-scientific-communication/

제
4
장

데이터 추출, 분석 및
이론 생성

제4장

데이터 추출, 분석 및 이론 생성

데보라 핀프겔드 – 코넷(Deborah Finfgeld-Connett)

4장에서는 데이터 추출, 분석 및 이론 생성 프로세스를 다룬다. 주로 1차 연구에서 원자료를 식별하고 추출하는 방법, 질적 메타합성으로 생성되는 이론(resultant theory)의 타당성을 확보하기 위한 전략과 함께 데이터 코딩, 범주화, 메모 및 다이어그램 작성에 대해 설명하도록 한다.

데이터 추출 및 분석 개요

질적 연구 방법을 말로 표현하기는 어렵고, 글로 설명하기에는 연구 방법 과정의 역동적이고 창의적인 특성을 모호하게 만들 수 있다. 따라서 연구자는 필요에 따라 이 장을 학습하면서도 가능한 한 빨리 데이터 추출 및 분석 과정에 참여하는 것이 좋다. 실제로 연구를 수행하지 않고서는 데이터 추출(retrieval) 및 분석과 관련된 기술을 완전히 이해하고 숙달하기는 어렵기 때문이다.

이론-생성 메타합성 연구에는 엄격한 방법이 적용된다. 그러나 질적 데이터의 추출 및 분석 과정은 경직되거나 고정된 것이 아니라, 연구 목적과 사용 가능한 데이터의 양과 질에 따라 유연하게 변화한다. 또한, 새롭게 발견되는 결과의 예측할 수 없는 특성으로 인해 과정 중 변형(variation)이 발생하기도 한다.

이론-생성 메타합성 연구를 수행할 때, 분석을 위해서는 1차 연구에서 ① 질적 연구 결과, ② 1차 질적 연구의 특성(예: 목적, 표본, 방법) 등 두 가지 유형의 데이터를 추출한다. 1차 질적 연구의 특성은 연구자가 표본을 이해하고 연구 결과를 맥락화하는 데 도움을 준다. 1차 연구의 질적 결과는 데이터의 대부분을 구성하며, 이러한 데이터 분석을 통해 이론을 명확하게 설명할 수 있다(Finfgeld-Connett, 2014a). 이 두 가지 데이터 유형(즉, 1차 질적 연구의 특성과 질적 연구 결과)의 추출 및 분석은 이 장에서 자세히 설명하도록 한다.

연구 특성: 추출, 입력 및 분석

연구 특성은 연구 목적, 이론적 틀, 표본 및 방법 등과 같은 속성을 포함한다. 이러한 데이터를 추출하기 전에 연구물을 읽으면서 연구 특성과 관련된 내용에 강조 표시를 한다. 정보를 추출하기 위해서는 먼저 워드 프로세싱 소프트웨어를 사용해 표의 형식을 지정해야 한다. 참고문헌은 첫 번째 열에 배치하고, 다른 열에는 연구 속성(예: 목적, 이론적 틀, 표본 및 방법)에 따라 이름을 붙인다(labeled). 데이터 수집을 계속하면서 관련성 있고, 추출 가능한 정보 유형에 맞게 열을 추가, 삭제 또는 이름을 변경(relabeled)하면 된다(부록 4의 표 4.1 및 표 A5.1의 양식 참조).

종종 메타합성 연구자는 연구물에 포함되지 않은 연구 특성(예: 연구설계, 방법 및 표본)에 대한 정보를 수집하기 위해 1차 질적 연구의 저자에게 연락을 취하기도 한다. 효과적인 연구를 위해, 1차 질적 연구자에게 추가 정보를 얻는 과정에서 여러 연구물들이 동일한 표본에서 도출된 것인지 여부를 명확히 파악하는 것이 중요하다. 이는 단일 표본에서 두 개 이상의 연구물이 나올 경우에 다각화가 약화되고(diminished), 포화도가 손상될 수 있기 때문에 반드시 파악해야 할 중요한 내용이다.

1차 연구자에게 연락하는 것에는 분명 장점이 있지만, 그들과의 소통에는 몇 가지 잠재적인 문제점도 존재한다. 첫째, 기억이 불확실하거나 충분한 정보를 제공할 수 있는 연구자가 없을 수 있다. 둘째, 연구자는 가능한 자신의 연구를 최대한 좋게 포장해야 한다는 강박관념에 사로잡혀서 편향된 답변을 할 가능성이 있다. 예를 들어, 1차 연구자가 데이터 수집 및 분석을 위해 연구의 이론적 틀(예: 근거이론)을 사용했는지 여부를 묻는 질문에, 실제로는 질적 패러다임의 특성만을 사용했음에도 불구하고, "그렇다"고 답할 수도 있다.

연구 특성을 추출하여 표에 배치하면, 이 정보를 분석하는 작업은 연구 전반의 속성을 요약하는 것이 된다. 때로는 연구 표본을 분석하기 위해 정량적 계산(예: 합계, 평균)이 필요한 경우도 있다. 이러한 경우 Microsoft Excel™과 같은 정량적 데이터 분석 소프트웨어를 사용할 수 있다.

표 4.1 템플릿: 1차 질적 연구의 특성

참고문헌	목적과 질문	이론적 틀	표본				방법	
			지리적 위치	표본의 출처	표본 수 =여성	표본 수 =남성	자료 수집	자료 분석

질적 연구 결과: 데이터 추출 및 입력

다음과 같은 질적 연구 결과의 추출 및 분석 방법은 60개 정도의 표본에서 성공적으로 사용되었다(예: Finfgeld-Connett, Bloom, & Johnson, 2012). 하지만 표본 크기가 25~30개의 연구 결과물을 초과하면, 데이터의 구성과 처리(manipulation)가 어려울 수 있다. 이러한 경우 연구자는 특히 코딩 및 범주화를 위해 NVivo™ 또는 Dedoose™와 같은 질적 데이터 분석 소프트웨어 사용을 고려할 수 있다. 소프트웨어 사용 유무와 상관없이 이 장에서 설명하는 방법의 기본 원리는 동일하게 적용될 수 있다.

데이터 식별 및 찾기

일부 연구자는 1차 질적 연구 결과를 명확히 식별하는 데 어려움을 겪는다. 이러한 어려움을 해결하기 위해 좀 더 명확히 설명하자면, 질적 연구 결과란 연구 과정에서 완전히 분석된 결과로 구성된 것을 의미한다. 따라서 간혹 표로 제시되는 코드와 범주, 분석되지 않은 인용문은 질적 연구 결과에 포함되지 않으며, 이론-생성 메타합성 연구에서 원자료(raw data)로 간주되지 않는다.

문제를 복잡하게 만드는 요인 중 하나는 일부 연구자들이 표준화된 보고 형식에서 벗어나 연구 결과를 여러 곳, 특히 논의 부분에 제시한다는 점이다(Sandelowski & Barroso, 2002a). 질적 연구 결과를 구성하는 요소에 대한 불확실성은 고립적인 개념(isolated concepts)이 연구 결과 부분에 제시되고, 개념 간의 역동적인 연관성/관계(links/relationships)가 논의 부분에서 설명될 때 특히 문제가 된다. 이 경우, 연구자는 후자가 단순한 추측인지, 타당한 연구 결과인지 판단해야 한다. 이 같은 판단을 위해 연구자는 1차 질적 연구자가 개념 간의 연관성/관계를 추론하기 위한 데이터 분석 방법을 설명했는지, 아니면 단순히 원자료(raw data)를 주제별로 정리하거나 코딩 및 범주화하는 데 그쳤는지 살펴봐야 한다. 개념들을 체계적으로 연결하는 방법(예: 메모, 도표 작성)이 논의되지 않았다면, 논의 부분에서 언급된 개념 간의 관계는 가정일 가능성이 있다. 반면, 개념 간의 연관성을 설명하는 방법이 명확히 서술되어 있다면, 해당 개념적 관계가 1차 질적 연구 결과물의 어디에서 제시되든지 이론-생성 메타합성을 위해 추출할 가치가 있는 결과일 가능성이 높다.

데이터 추출 및 입력

질적 연구 결과의 추출은 한두 개의 연구물을 읽고, 검토 및 분석하면서(studying) 여백에 메모를 한 후에 시작된다. 이 제한된 수의 연구물에서 얻은 데이터를 기반으로 잠정적인 코드를 식별하고, 원자료를 임시로 정리할 수 있다. 분석을 위한 질적 연구 결과 추출을 준비할 때, 컴퓨터 소프트웨어를 사용하여 첫 번째 열에 참고문헌을 나열하고, 다음 열에는 잠정적인 코드를 사용하여 표 형식을 설정해야 한다(표 4.2의 템플릿 참조). 입력 오류를 방지하기 위해서 질적 연구 결과는 가능한 한 1차 연구물에서 전자적으로 복사하여 미리 형식화한 표에 붙여 넣어야 한다(Finfgeld-Connett, 2014b).

표 4.2 템플릿: 초기 코딩

문헌	코드	코드	코드	코드	코드	코드
문헌 1	원자료	원자료	원자료	원자료	원자료	원자료
문헌 2	원자료	원자료	원자료	원자료	원자료	원자료
문헌 3	원자료	원자료	원자료	원자료	원자료	원자료
문헌 4	원자료	원자료	원자료	원자료	원자료	원자료

연구 결과가 탈맥락화되지 않도록 질적 연구 결과는 반드시 맥락 내에서 추출해야 한다. 즉, 한두 문장이나 여러 단락으로 이루어진 연구 결과의 전체 설명을 아우를 수(capturing) 있어야 한다. 특히 개념과 그 복잡한 관계를 이해해야 하기 때문에 이론적 틀의 일부 결과와 관련된 설명이 길어지는 경우가 많다(Finfgeld-Connett, 2014b).

연구 과정에서 맥락에서 벗어난 결과를 추출할 수 있을 뿐만 아니라 데이터 단위(segments)가 너무 커서 유의미한 방식으로 쉽게 분석할 수 없는 데이터를 추출할 위험도 존재한다. 이는 지나치게 추상적인 코딩으로 이어지거나 연구 질문에 충분히 답하지 못하는 결과를 초래할 수 있다. 이러한 문제를 피하는 한 가지 방법은 여러 개의 연구 결과 단위를 한 번에 추출하는 대신, 일관성 있는 연구 결과(cohesive research findings)를 주의 깊게 선정하여 추출하는 것이다(Finfgeld-Connett, 2014b).

이론 개발을 위한 질적 연구 결과의 분석 및 합성

이론-생성 메타합성 연구에서 데이터 분석과 합성에 접근하는 방법에는 두 가지가 있다. 첫 번째 방법은 연구의 목적이 완전히 새로운 이론을 개발하는 경우로, 코딩 구조에 대한 사전 가정이 없을 때 일반적으로 사용된다(예: 부록 2의 Finfgeld-Connett 등[2012] 참조). 두 번째 방법은 연구의 목적이 기존의 이론적 틀(existing framework)을 적용하면서 데이터를 코딩하고 분류하는 방법으로, 잠정적인 아이디어가 처음부터 존재할 때 활용된다(예: 부록 4의 Finfgeld-Connett[2017] 참조). 이 장에서는 우선 첫 번째 방법을 살펴보도록 한다.

코딩 및 범주화

근거이론(Corbin & Strauss, 2008)에 따라 데이터 분석은 요소 또는 개념들 간의 과정으로 구성되는 틀(process framework)을 생성해야 한다. 그 과정은 선행 요소, 결과 및 피드백 고리(feedback loops)를 포함하여 완전히 개발된 개념과 역동적 관계로 구성된다. 따라서 연구자는 원자료를 코딩하고 분류할 때, 이 포괄적 모델을 염두에 두는 것이 좋다(Finfgeld-Connett, 2014a, 2014b).

초기 코딩의 목표는 원자료를 투명하고 귀납적으로 구성하는 것이므로, 초기 코드는 데이터와 최대한 가깝게 유지해야 한다. 이러한 구체적인 코드는 원자료의 핵심을 담고 있으며, 그 형태는 한 단어에서부터 짧은 문구에 이르기까지 다양하다. 하나의 데이터 조각에는 여러 아이디어와 관련되어 있는 경우가 많아 두 개 이상의 코드와 연관될 수 있다. 그러나 하나의 데이터 조각이 3개 이상의 코드와 연결되는 경우, 연구자는 그 데이터가 여러 개의 독립적인 결과를 담고 있어 개별적으로 분리하여 분석해야 할 필요가 있는지를 검토해야 한다(Finfgeld-Connett, 2014a, 2014b).

원자료에 명료한(transparent) 코드를 부여하는 작업은 비교적 쉬울 수 있지만, 코드 부여 작업량이 많아지게 되면 힘든 작업(overwhelming)이 될 수 있다. 따라서 코드 간의 유사성과 연관성을 파악하는 즉시, 코딩된 데이터는 연구 전반에 걸쳐 하위 범주와 범주로 그룹화하는 것이 좋다. 새롭게 구성된 하위 범주(subcategories) 및 범주(categories)에는 덜 구체적이고 더 은유적인 코드를 사용하여 명칭을 부여하면 결과의 추상화와 일반화 가능성을 높일 수 있다(예: 표 4.3 및 4.4 참조)(Finfgeld-Connett, 2014a, 2014b).

하위 범주와 범주는 군집화(clustering)를 통해 형성(formulated)되며, 반복적으로 특정 코드를 그룹화하여 더 추상적인 은유를 개발하게 된다(Miles & Huberman, 1994). 효과적인 은유는 응집력이 있어 연구 대상이 되는 현상의 특수성을 명확하게 대표한다. 명확성과 응집력이 부족한 경우, 연구자는 원자료를 다시 검토하여 하위 범주와 범주가 충분히 근거를 갖추고 있는지 확인하는 것이 좋다. 대부분의 연구가 지식 발전을 목표로 하기 때문에, 1차 연구 결과를 은유적으로 범주화하지 않으면 다음 단계로의 발전이 어려워진다. 다만, 1차 연구 결과를 은유적으로 표현할 때는 반드시 은유의 출처를 명확하게 밝혀야 한다.

코딩 구조는 빠르게 확장되어 다루기 어려워질 수 있기 때문에 이를 세분화하여 별도의 파일(예: Word™) 또는 워크시트(예: Excel™)로 정리해야 한다. 일반적으로 하나의 연구를 수행하는 데 필요한 모든 데이터 분석표를 수용(accommodate)하려면 수많은 파일과 워크시트가 필요하다. 코드와 범주가 유기적으로 확장 및 축소되는 과정에서 데이터 분석 파일과 워크시트에 신중하게 용어(예: 핵심 개념의 속성, 선행 사례 및 결과)를 지정(label)하여 코딩 구조가 잘 정리되었는지 확인해야 한다.

표 4.3 템플릿: 범주형 및 하위 범주형 코딩

범주						
문헌	하위범주		하위범주			하위범주
문헌 1	코드	코드	코드	코드	코드	코드	코드
문헌 2	원자료	원자료	원자료	원자료	원자료	원자료	원자료

문헌	원자료	원자료	원자료	원자료	원자료	원자료	원자료
문헌 3	원자료	원자료	원자료	원자료	원자료	원자료	원자료
문헌 4	원자료	원자료	원자료	원자료	원자료	원자료	원자료

표 4.4 코딩 및 범주화된 데이터: 남아시아 이민자들 사이의 친밀한 파트너 폭력(Finfgeld-Connett & Johnson, 2013)

문헌	사회 계약의 배신	대처	비효과적인 대처		
			반추	자신과 다른 사람에 대한 비난	신체증상화[1]
Kalli-vayalil (2010)	신뢰를 둔 대상: • 남편과 그의 가족 • 중매 결혼제도 중매결혼제도와 자신을 보호해야 할 사람들에게 속고, 사기당하고, 이용당했다고 느낌	결혼의 긍정적인 결과: 자녀	삶과 결혼 이력에 대한 깊은 반성과 성찰 • 고통 속에서 의미, 이유를 찾음 • 도덕적 평가 • 비난 • 운명론 • 우울증 • 도덕적 세계의 일부인 남편, 자녀, 시댁, 부모, 지역사회 구성원에 대한 집착 • 우울하고 불안한 주제에 대한 집착	자기 비난: • 미래의 남편과 가족을 신뢰함 • 더 많은 질문을 하지 않음 다른 사람에 대한 비난: • 중매 결혼제도 • 이민 신분 • 서양식 • 남편의 분노 업보(Karma), 운명: 전생의 무언가로 인하여 당연히 학대를 받는다고 여김	문화적으로 정신적 고통을 억제하고, 그것을 신체적으로 불만을 표현하는 것이 일반적이다. 사회복지제도는 여성이 심리적 불만보다는 신체적 불만을 더 쉽게 드러낼 수 있도록 해준다.

메모하기

코딩과 범주화는 새로운 이론을 귀납적으로 생성하기 위한 데이터 분석 과정의 일부에 불과하다. 개념과 개념 간의 역동적 관계를 완벽하게 설명하려면 메모하기(memoing)는 필수적이다. 메모를 하지 않거나 메모가 불완전한 경우, 개념이 제대로 설명되지 않아 고립된 개념(isolated concepts)이 되거나 부분적으로만 설명되어 가치가 제한될 수 있다. 이러한 문제를 방지하기 위해 연구자는 2~3개의 연구물에서 얻은 결과를 코딩하고 분류

---

1 역자주: 정신적 체험이나 정신적 상태를 신체적 징후나 증상으로 전환하는 것을 뜻한다.

한 후, 개념과 개념 간의 관계에 대해 추론적인 설명, 즉 메모를 시작해야 한다(Finfgeld-Connett, 2014a, 2014b).

이론-생성 메타합성 연구를 수행할 때는 연구 내 메모(within-study memo)와 연구 간 메모(cross-study memo)라는 두 가지 유형의 내러티브 메모(narrative memo)를 작성한다. 연구 내 메모(within-study memo)는 1차 연구물에서 추출한 결과를 주의 깊게 검토하면서 간결한 서술문으로 정리한 것이다(표 4.5의 3열 참조). 이후, 이 메모들을 연구 간에 비교 및 대조하고 유사한 진술을 그룹화하면서 연구 간 메모(cross-study memo)로 발전시킬 수 있다.

연구 간 메모(cross-study memo)는 여러 기본 연구 보고서에서 연구 내 메모를 신중하게 비교 및 대조하고, 점차적으로 응집력 있는 전체로 합성해 나가는 방식으로 개발된다. 간단히 말해서, 연구 간 메모의 과정은 개념과 그들 사이의 역동적 관계가 완전히 설명될 때까지 연구 전반에 걸쳐 연구 내 메모를 반복적이고 성찰적으로 정제(즉, 번역, 해석)하는 작업을 포함한다(표 4.5의 4 및 5열 참조).

메모를 하게 되면 개념 간의 선형적, 순환적, 수렴적, 발산적, 계층적 관계 등(그림 4.1 참조) 다양한 유형의 관계를 명확하게 표현할 수 있다(Finfgeld-Connett, 2014a, 2014b; Lempert, 2007). 메모를 엄격하게 진행하면 원자료 속 개념 간의 새로운 관계를 지속적으로 평가, 수정, 재평가할 수 있게 된다. 이러한 유형의 메모는 합성을 촉진시키고, 과정 이론(process theory)의 요소(즉, 개념과 그 역동적 관계)를 타당하고 응집력 있으면서 분명하게 설명하는 데 도움이 된다(Birks, Chapman, & Francis, 2008; Finfgeld-Connett , 2014b)(표 4.5의 5열 참조).

주요 데이터 분석 전략으로서 메모하기(memoing)

원자료를 코딩하고 분류하는 대신, 메모하기가 기본적인 데이터 분석 전략으로 사용되기도 한다. 이는 연구의 목표가 완전히 새로운 이론적 틀을 개발하기보다는 기존의 이론적 틀을 적용하고자 할 때 주로 발생한다. 이러한 상황에서는 정교한 코딩과 범주화가 입증된 지식을 불필요하게 해체하거나 탈맥락화할 수 있기 때문에, 메모하기 방식이 더 선호된다(Thorne, Jensen, Kearney, Noblit, & Sandelowski, 2004).

예를 들어, 메모하기는 멕시코계 미국인 사이의 친밀한 파트너 폭력을 다룬 이론-생성 메타합성 연구에서 주요 데이터 분석 전략으로 사용되었다(예: 부록 4의 Finfgeld-Connett [2017] 참조). 이 경우 친밀한 파트너 폭력의 전반적인 과정은 이미 잘 기록되어 있었다(예: Walker, 2017). 따라서 메타합성 연구의 목적은 이 과정을 특정 문화 집단의 맥락에 맞게 구체화하는 것이었다.

표 4.5 형성적 범주: 북미 원주민의 친밀한 파트너 폭력을 해결하기 위한 전략(Finfgeld-Connett, 2015) / 형성적 하위 범주: 신뢰

1 문헌	2 1차 자료에서 얻은 연구 결과	3 연구 내 메모	4 연구 간 메모	5 과정 이론의 요소들
Austin, Gallop, McCay, Petemelj-Taylor, & Bayer (1999)	신뢰는 기대하는 것이 아니라 얻는 것이어야 한다. 많은 간호사들이 원주민들(First Nations people)과 함께 일할 때, 그들이 문화에 대해 배우고 이해하려고 노력하는 것이 중요하다고 말했다. 그들은 특히 영성(spirituality)의 역할, 영적 치유, 조상의 역할, 대가족의 역할, 지역사회에서 여성의 역할에 대해 언급했다. 직접적인 눈 맞춤을 피하고, 상대방을 존중하고 침묵하기와 같은 비언어적 행동이 중요한 것으로 확인되었다. 대부분의 간호사들은 원주민들이 주류적인 의료의 가치와 관행에 적응하기보다는 원주민에게 도움이 될 수 있는 방법을 터득하는 것이 더 큰 과제라고 믿었다.	서비스 제공자에 대한 신뢰는 시간이 지나면서 형성된다. 서비스 제공자는 북미 원주민 문화를 배우고 이를 수용해야 한다. 영성은 치유 과정에서 중요한 역할을 한다. 부족 지도자, 대가족, 여성은 지역사회에서 특별한 역할을 한다. 서비스 제공자는 직접적인 눈 맞춤을 피하고, 침묵을 존중하는 등 의사소통과 관련된 관습을 이해해야 한다.	북미 원주민은 도움을 구하는 데 있어서 신뢰 부족이 가장 큰 장벽이라고 인식하고 있다. 부분적으로 이는 서비스 제공자가 북미 원주민들이 문화에 대해 잘 알지 못한다는 사실과 관련이 있다(Austin et al., 1999; Burnette, 2013; Jones, 2008; Matamonasa-Bennett, 2013). 서비스 제공자는 친밀한 파트너의 폭력을 해결하기 위해 사용되는 비원주민 전략이 종종 강압적이면서 지배적이며 억압적인 것으로 여겨진다는 점을 이해해야 한다(Jones, 2008). 게다가 권력과 통제에 초점을 맞춘 개입은 원주민의 가치와 일치하지 않는다(Matamonasa-Bennett, 2013). 북미 원주민 여성들은 서비스 기관이 비효과적이라고 인식하고 있기 때문에 서비스 기관에 대해 신뢰하지 않는다. 그들은 경찰이 비전문적이고, 정보가 부족하며, 일관성 없는 대응을 해왔다고 보고	서비스 제공자는 북미 원주민과 효과적으로 협력하여 친밀한 파트너 폭력을 줄이기 위해 신뢰 관계를 구축해야 한다. 서비스 제공자는 북미 원주민의 관습에 대해 배우고, 그것이 지역사회 문화의 행동방식과 배경적 문화와 다른지 이해해야 한다(Austin et al., 1999; Burnette, 2013; Jones, 2008; Matamonasa-Bennett, 2013). 권력과 통제에 초점을 맞춘 전략은 피해야 한다(Jones, 2008; Matamonasa-Bennett, 2013). 대신, 서비스 제공자는 부족 지도자, 지역사회 구성원 및 가족의 지원을 활용하도록 해야 한다(Austin et al., 1999).

1 문헌	2 1차 자료에서 얻은 연구 결과	3 연구 내 메모	4 연구 간 메모	5 과정 이론의 요소들
			하고 있다. 또한, 그들은 외부 정치 세력들이 친밀한 파트너 폭력에 대한 부족 지도자들이 접근 방식에 영향을 미치고 있다는 점을 지적하고 있다(Burnette, 2013). 서비스 제공자는 북미 원주민의 공동체에서 부족 지도자의 역할을 지지, 영적 지도자, 대가족 및 여성이 전통적으로 수행하는 역할에 대해 알아보아야 한다(Austin et al., 1999). 또한 서비스 제공자는 비밀 유지, 직접적인 눈 맞춤 피하기, 침묵 존중 및 사용과 같은 부족의 의사소통 규범을 따르도록 중고를 받고 있다(Austin et al., 1999; Burnette, 2013).	경찰관은 전문적으로 행동해야 하고, 일관되며, 편견 없이 행동해야 한다(Burnette, 2013). 서비스 제공자는 엄격한 비밀 유지, 직접적인 눈 맞춤 피하기, 침묵 존중 및 사용과 같은 대인 의사소통 규범을 준수해야 한다(Austin et al., 1999; Burnette, 2013).
	폭력 범죄에 대한 표준화된 대응 부족이 문제였었다. 하대에 대한 의미 있는 제재가 부족하다. 비밀 유지가 가장 중요한 우선순위였다. 여성의 절반은 공식 서비스 기관에 비밀 유지에 대해 우려하였다. 여성들은 자신의 정보가 비밀로 유지되지 않을 것이라는 두려움 때문에 서비스를 찾지 않았고, 일부 여성은 비밀 유지가 되지 않았다고 보고했다. 모든	신뢰를 구축하려면 비밀이 보장 피어야 한다. 북미 원주민은 결속력이 강한 공동체에 살고 있어서 자신이 아는 사람들에게 도움을 요청하는 것을 불편하게 생각한다. 원주민 여성들은 서비스 기관들이 일상적으로 자신들을 실망시		

1 문헌	2 1차 자료에서 얻은 연구 결과	3 연구 내 메모	4 연구 간 메모	5 과정 이론의 요소들
Burnette (2013)	사람이 서로를 잘 알고 있는 친밀한 공동체에서의 비밀 유지는 공식적인 시스템 전반에서 문제가 되었다. 많은 여성들은 공식적인 친밀한 파트너 폭력과 관련된 문제에 대해 자신이 잘 알고 있는 사람들에게 도움을 요청하는 것을 불편하게 느꼈다. 여성들은 공식적인 시스템의 비효과적인 대응, 지지하지 않는 가족, 실질적인 장벽 등의 누적 효과로 인하여 학대하는 파트너와 함께 지내는 데 어려움을 겪고, 서비스를 찾지 못하게 될 수 있으며, 탈출구가 없다고 느끼게 될 수 있다. 여성들은 하대자로부터 폭력을 당했다고 느꼈다. 이뿐만 아니라, 일부 여성들은 친밀한 파트너 폭력 상황에 대한 전체적인 이해가 부족하다고 생각하는 사회복지 기관으로부터 차별을 받았다고 느꼈다. 여성들은 주거 문제와 같이 자신이 통제할 수 없는 친밀한 파트너 폭력과 관련된 요인들에 대해 처벌을 받았다고 느끼는 경향이 있다. 여성들은 공식적인 시스템에 대한 부정적인 경험을 보고했으며, 이는 의도치 않게 다수의 희생을 가함으로써 억압을 영속시킬 수 있다. 여성들은 대부분의 가해자들이 경찰이 도착하기 전에 도주하는 문제, 경찰과 부족 사별 제도(tribal justice system)의 표준화된 대응 부족, 친밀한 파트너 폭력(IPV) 범죄에 대한 미미한 처벌, 교육의 부족, 전문성과 책임감의 필요성 등 여러 가지 문	졌다고 생각하기 때문에 서비스 기관에 대한 신뢰를 잃어버렸다. 원주인 여성들은 친밀한 파트너 뿐만 아니라 자신들을 도와야 하는 공식 시스템에 의해 피해를 입고 있다고 느낀다. 여성들은 경찰과 부족 사별 제도의 비전문성, 정보 부족, 일관성 없는 대응 등 여러 가지 문제를 말한다. 전문가들이 정치적으로 영향력이 있는 부족 구성원들에게 호의를 베푸는 경향이 있기 때문에, 여성들은 안전하지 않고 의지할 곳이 없다고 느낀다.		

1 문헌	2 1차 자료에서 얻은 연구 결과	3 연구 내 메모	4 연구 간 메모	5 과정 이론의 요소들
	제를 보고했다. 전문가들이 정치적 권력을 갖고 있는 가해자나 가해자와 개인적 친분이 있는 가해자에게 호의를 베풀 때, 여성들은 안전하지 않고 정의가 실현되지 않는다고 느꼈다.			
Jones (2008)	문화적 감수성이 낮은 경우, 북미 원주민들은 서비스 이용을 기피하고 신뢰하지 않게 될 수 있다. 많은 북미 원주민 제공자에 대한 두려움이나 신뢰 부족으로 인하여 도움을 요청하지 않을 것이다. 정보 제공자가 제공한 문화적으로 부적절한 개입의 예로는, 지역 북미 원주민 청소년의 높은 학업 중퇴율 방지 프로그램을 개발하기 위해 사회 기관에 고용된 교육 컨설턴트가 가지노 캠블 학교 출석과 연계할 것을 제안하는 사례를 들 수 있다. 기관 직원들은 이 제안에 분노했다. 왜냐하면, 이 같은 조치가 개인의 자율성을 과도하게 간섭하고 지나치게 억압적일 뿐만 아니라, 지배적인 문화가 북미 원주민들에게 강압적으로 대하는 방식을 보여주는 것으로 생각했기 때문이다.	북미 원주민은 도움을 주는 기관들이 부족 문화에 대한 정보가 부족하기 때문에 이들 기관을 신뢰하지 않는다. 친밀한 파트너 폭력을 줄이기 위한 외부개입은 강압적이며, 지배적이며, 억압적인 것으로 간주된다.		
Mata-monasa-Bennett (2013)	전문가 치료에 참여한 남성들은 인종적 차이와 신뢰 문제로 인해 부정적인 경험을 했다고 밝혔다. 가장 폭력에서 권력과 통제 문제에 조점을 맞추는 전문적인 치료는 전통적인 원주민 가치관과 "맞지 않는 것이었다(out of tune)". 치료에는 인종적, 문화적 차이가 중요하다.	북미 원주민 남성은 문화적 차이와 신뢰부족이 치료의 장애물이라고 인식한다. 권력과 통제 문제에 조점을 맞춘 치료는 북미 원주민의 가치에 부합하지 않는다.		

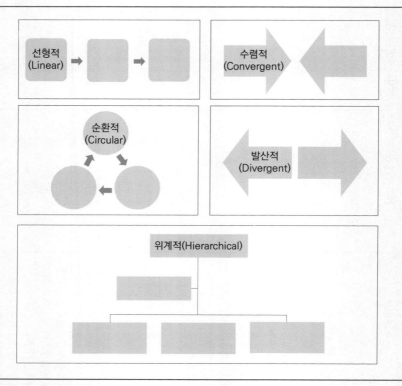

그림 4.1 개념 간 역동적 관계의 예시

　　메모하기를 데이터 분석의 기본 전략으로 사용할 경우, 연구자는 가설-연역적 접근 방식으로 분석을 시작한다. 질적 연구 결과는 연구물에서 추출되고, 이후 간결한 설명적 진술들로 요약 정리된다(표 4.6 참조). 잠정적인 코딩 범주(tentative coding categories, 표 4.7 참조)에 따라 이러한 연구 내 메모는 연구 전반에 걸쳐 범주별로 그룹화된다. 그룹화된 메모에는 은유적 레이블(metaphorical labels)이 적용되며, 확정된 결과(refined results)가 나올 때까지 연구 간 메모 작업이 계속된다(표 4.8 참조). 이러한 성찰적이고 반복적인 데이터 분석 과정을 통해, 연구자는 잘 발달된 개념과 그 상호 관계를 연구 전반에 걸쳐 해석하고, 특정 맥락에 맞는 이론(context-specific theory)을 만들어 간다.

표 4.6 연구 내 메모의 작성: 멕시코계 미국인의 친밀한 파트너 폭력과 해결(Finfgeld-Connett, 2017)

1 문헌	2 질적 연구 결과	3 연구 내 메모
Belknap 과 Sayeed (2003)	여성들은 부모, 자매, 또는 친한 친구와 이야기를 나누겠다고 말했다. 이들은 자신의 상황을 잘 알고 있거나 유사한 상황에 처해 있기 때문에 자신의 상황을 이해할 수 있는 자매와 친구들을 구체적으로 언급했다. 가족이 근처에 없거나 친한 친구가 없다면, 아무에게도 말을 하지 않겠다. 여성들은 이와 유사한 문제에 대하여 질문을 받아본 적이 없다고 말했다. 여성들에게 의사나 간호사가 학대에 대해 질문하는 것에 대해서 어떻게 생각하는지를 물었다. 대부분의 여성은 질문을 받는 것이 좋다고 생각한다고 응답했다. 이러한 질문을 받은 경험이 있는 여성은 한 명도 없었지만, 5명의 여성은 공개적으로 대답하겠다고 답했다. 두 명의 여성은 만약 학대가 있었다면 그러한 질문에 솔직하게 답하기가 두려울 수도 있을 것이라고 말했고, 다른 여성들도 그러한 질문에 솔직하게 답하기가 두려울 수 있다고 말했다. 그러나 이 여성들은 의료 서비스 제공자가 학대에 대한 질문을 할 수 있다는 생각을 가지고 있었다. 경청은 여성이 자신의 상황에 대해서 자신감을 가지고 이야기하는 데 있어서 매우 중요한 요소로 대화 전반에 걸쳐 일관되게 묘사되었다. 반면 경청하지 않는 태도는 방해 요인으로 구체적으로 지적되었다. 여성들은 자신의 삶에 관심을 보이는 간호사, 의사와 이야기 나눌 수 있을 것 같다고 말했다. 신뢰 구축은 의료 서비스 제공자와 한 번 이상의 상호작용이 필요함으로 과정으로, 방문할 때마다 모든 여성에게 학대에 대해 물어보는 것이 필요하다는 점을 뒷받침한다. 이 연구에 참여한 여성들은 의료 서비스에 대한 접근성이 매우 제한되어 있었고, 대부분 자신보다는 자녀를 위해 의료 서비스를 이용하는 경우가 많았다. 이는 자녀 진료를 위해 어머니들이 병원을 찾을 때, 선별적인 질문을 해야 한다는 것을 뒷받침한다. 일반적으로 라틴계 이민 여성들은 지역 사회에서 파트너와 좋은 관계를 맺지 못한다.	여성들은 부모, 자매, 친한 친구들에게 이야기하는 경향이 있다. 이런 사람이 없다면 여성들은 침묵을 지킬 가능성이 높다. 여성들이 학대에 대한 질문을 긍정적으로 받아들이고 진심으로 관심을 보이며 신뢰할 수 있는 사람들에게 솔직하게 답변하는 함수 있는 사람들에게 솔직하게 사실에도 불구하는 것을 편안하게 느긴다는 사실에도 누구도 학대고, 의료 전문가를 포함한 어느 누구도 학대에 대해 묻지 않는 경향이 있다. 신뢰는 시간이 지나면서 형성되는 경향이 있으므로, 학대에 대해 여러 번 질문하는 것이 중요하다. 멕시코 이민 여성에게는 의료 서비스에 대한 접근성이 매우 제한적일 수 있으며, 이들은 자녀를 위한 치료만 받을 수도 있다. 따라서 여성이 자녀와 함께 진료를 받을 때, 학대에 대해 물어보는 것이 좋을 수 있다.

제4장 데이터 추출, 분석 및 이론 생성 **77**

1 문헌	2 질적 연구 결과	3 연구 내 메모
Adames와 Campbell (2005)	대부분의 참가자들은 현재 지역사회 내에서 친밀한 관계가 부정적인 상태를 유지하고 있는 이유를 남성들의 행동이나 사회문화적 영역 때문이라고 생각하였다. 구체적으로, 여성 중 6명은 자신의 지역사회에 거주하는 라티계 이민자와 그들의 파트너 간의 관계가 좋지 않은 이유로 여성에 대한 남성의 통제와 남성우월주의를 꼽았으며, 여성 중 3명은 이민자들의 변화(immigration changes)가 친밀한 관계에서 긴장을 가중시키는 요소라고 설명했다. 다른 이유(한 명의 참가자)는 만 언급)로는 남성의 여성 대상 폭력 행사, 남성의 알코올 및 약물 사용, 여성이 남성을 내조하도록 하는 사회적 압력, 결혼을 해야 한다거나 관계를 유지해야 한다는 압박, 라티계 이민 여성들이 자신의 지역사회에서 나쁜 인간관계로 인해 겪는 고통 등이 있었다. 이 연구에 참여한 여성들은 친밀한 관계에서의 조화가 부족한 것이 라티계 이민 여성들의 외부적인 요인과 관련이 있다는 것을 인식했다. 예를 들어 남성 지배, 남성우월주의, 이민과 관련된 변화에 대처하지 못하는 남성의 무능력 등이 지역사회에서 관계의 질이 좋지 않은 외부로 연결 본 연구에 참여한 라티계 이민 여성들은, 자신의 친밀한 관계의 상황을 개인의 특성에 기인한 독특한 경험이 아니라 체계적인 성 불평등에서 비롯된 집단적 경험으로 이해했다. 라티계 이민 여성들은 다양한 유형의 IPV(intimate partner violence, 친밀한 파트너 폭력)를 경험한 것으로 확인되었다. 가장 흔한 유형의 학대는 신체적, 성적 학대, 언어적 폭력이었으며 모든 여성들이 이에 대해 언급하였다. 세 명의 여성은 정서적 학대, 성적 학대, 일반적인 용어인 학대(mistreatment)를 각각 언급했다. 참가자들은 IPV의 선행 요소 또는 동시 발생 요소로서 알코올에 대해 이야기했으며, 한 여성은 남성우월주의에 대해서도 언급했다. 참가자 중 한 명은 우울증, 관심 부족, 자존감 저하와 같은 IPV의 결과도 확인해 주었다. 참가자들은 범주명(예: 신체적, 언어적, 정서적, 심리적, 성적)이나 특정 행동(예: 때리기, 모욕하기, 생각 방식 바꾸기)을 일관되지 않게 사용했다. 구체적인 행동으로는 때리기, 위협하기, 집에 가두기, 지배하기, 통제 또는 조정하기, 말이나 행	여성들은 신체적, 언어적, 정서적, 심리적, 성적 학대를 포함한 다양한 유형의 학대를 경험하는 것으로 나타났다. IPV의 결과로는 우울증, 관심 부족, 자존감 저하 등이 있다. 여성은 자신의 경험, 주변 사람들의 경험, 대중 매체, 사회 서비스 기관을 통해 IPV에 대해 알게 된다. 여성의 경우 공격성이거나 학대적인 가족, 이민 경험, 관습, 여성에 대한 가치와 존중, 불호, 두려움, 관계에 대한 지식 부족, 선택 사항에 대한 지식 부족 등이 IPV의 전조로 작용하게 된다. IPV는 스트레스를 다루는 남성우월적(ma-chismo)인 방식이다. 멕시코 이민자들 사이의 친밀한 관계는 남성우월주의, 남성 지배, 알코올 및 약물 사용과 같은 사회문화적인 압력을 받는다. 남성은 이민과 관련된 변화 대처에 있어서 성은 이민자 지위의 여러움을 겪는다. 여성은 제도화된(사회적으로 기반을 두고 있는) 성 불평등과 가족적인 가족 제도를 경험한다. 여성은 남성을 내조하고 결혼 생활을 유지해야 한다는 압박을 받는다.

1 문헌	2 잠정 연구 결과	3 연구 내 메모
	동으로 상처 주기, 밀가나 당기기, 억압하기, 경멸하기, 모욕하기, 주하거나 나쁜 말로 기분 상하게 하기, 죄책감을 느끼게 하거나 나쁜 것을 믿게 하기, 생각이나 행동을 바꾸가, 성관계를 강요하거나 강제하기 등이 있다. 모든 라틴계 이민 여성들은 자신의 경험이나 주변 사람들의 경험, 텔레비전 미디어를 통해 IPV에 대해서 알게 되었다고 답했다. 또한, 여성 4명은 미국에 온 이후 정착하게 된 사회복지 기관이 도움을 받았다고 답했다. 참가자들 중 친척이 실제로 여성들이 도는 사건에 연루되는 것을 제외하고, 부모나 다른 친척을 IPV에 대한 정보 제공자라고 받힌 사람은 없었다. 개인 경험, 대중매체, 사회복지 기관 등 다양한 경로를 통해서 IPV에 대해 알게 된 여성들은 단일 정보 출처의 관점에만 의존했을 때보다 IPV에 대해 더 넓게 이해할 수 있었다. 신체적, 언어적 폭력과 같은 가장 일반적인 유형의 학대가 나타났고, 정서적 학대, 성적 학대, 일반적인 학대가 뒤따랐다. IPV에 대한 참가자의 지식 중 세 번째 부분에서 새로운 점은 세 명이 여성이 "담성이 여성을 통제한다"는 언급을 했다는 것이다. 그들은 IPV를 개인적으로 결정되는 현상으로 인식하기보다는 체계적 또는 제도화된 문제로 인식한다. 본 연구에 참여한 라틴계 이민 여성들은 신체적, 언어적 공격은 학대라고 쉽게 인식했지만 성적, 정서적 공격은 학대라고 쉽게 인식하지 못했다. 이 연구의 모든 참가자들은 자신이 속한 지역사회에서 라틴계 이민 여성들이 파트너로부터 학대를 당하고 있으며, 학대하는 파트너를 대하는 것이 라틴계 지역사회 전체 여성들이 직면한 문제임을 인정했다.	이민자로서의 삶은 스트레스를 받을 수 있다. 예나하면, 새로운 지역에서는 성별 기대치가 다르기 때문이다. 가족의 사회적 지원 시스템을 붕괴되고, 여성은 사회 서비스에 대한 지식이 제한되어 있다. 일부 여성들은 사회적으로 진보적인 환경이 자신의 파트너와 원가족(families of origin)[2]에게 도전할 수 있는 동기를 부여한다고 생각한다.

2 역자주: 원가족(families of origin)은 가족 구성을 구조적 측면에서 분류한 개념으로, 태어나 자라 온 가정 또는 입양되어 자라 온 가족을 말한다.

표 4.7 잠정적인 코딩 범주: 멕시코계 미국인의 친밀한 파트너 폭력과 해결(Finfgeld-Connett, 2017)

삶의 방식으로서의 학대
폭력의 유형과 그 영향
학대의 전조
학대 해결의 장벽
친밀한 파트너 폭력의 해결
도움 전략
결과

연구자가 메모 진행 방식에 대해 고정된 생각이나 선입견을 가지고 연구를 시작하면, 새로운 데이터나 중요한 정보를 간과하고 기존 아이디어를 단순히 검증하는 데 그칠 위험이 있다는 점에 유의해야 한다. 이는 기존의 통념을 검증하는 것이, 표준에서 벗어난 새로운 경험이나 관점을 인식하고 이해하는 것보다 더 쉽기 때문에 발생할 수 있는 현상이다(Onwuegbuzie & Leech, 2007; Thorne, 2017). 이러한 타당성 위협과 이를 방지하는 방법에 대해서는 이 장의 후반부에서 자세히 다루기로 한다(Finfgeld-Connett, 2014b).

도식화

메모하기가 정교한 코딩과 범주화에 선행되는지 여부와 관계없이, 데이터 분석 과정 전반에 걸쳐 도식화(즉, 그림)를 통해 새로운 개념과 그 개념들이 어떻게 역동적으로 연결되고 맞물려 있는지를 설명해야 한다. 도식화(diagramming)는 데이터를 보다 완전하고 정확하게 분석하고 종합할 수 있도록, 성찰적으로(reflexively) 계속 몰입할 수 있는 시각적 도구를 제공한다. 이를 통해 연구자는 모델 내의 개념적·관계적 차이를 파악하고, 개념 간의 연결이 명확하지 않은 부분을 인식할 수 있다. 또한, 도식화는 연구자가 데이터 합성이 불완전한 시점을 파악하는 데도 도움을 준다, 이 경우 개념이 완전히 합성되지 않았거나 개념 간의 관계가 명확하게 표현되지 않았기 때문에 도식화가 질서 없이(unwieldy) 혼란스럽게 보이는 경향이 있다

(Buckley & Waring, 2013; Finfgeld-Connett, 2014b).

과정 모형(process model)을 생성하려면, 현상의 선행 요소 및 결과를 포함한 개념들을 도표에 시간순으로 배치해야 한다. 형성적인 도표 작성 (formative diagramming)에는 정교한 소프트웨어나 예술적 능력이 필요하지 않다. 초기 도표는 보통 노트북이나 플립차트(flipchart)에 단순한(primitive) 선 그리기, 스케치, 또는 스티커 메모 형태로 작성된다. 이러한 도표의 주요 장점은 멘토나 동료와 쉽게 공유할 수 있어 코드, 범주, 메모를 검토하는 데 많은 시간을 들이지 않고도 문제 영역을 명확히 파악할 수 있다는 것이다. 연구가 진행됨에 따라, Microsoft Word와 같은 컴퓨터 소프트웨어를 사용해 연구 결과가 완전하고 간결하게 설명될 때까지 도표를 반복적으로 (iteratively) 수정해야 한다(Buckley & Waring, 2013; Finfgeld-Connett, 2014b).

표 4.8 연구 내 메모와 연구 간 메모: 멕시코계 미국인의 친밀한 파트너 폭력과 해결(Finfgeld-Connett, 2017)

범주: 삶의 방식으로서의 학대	
연구 내 메모	연구 간 메모
여성의 경우 IPV의 전조로는 공격적이거나 하대적인 가족, 이민 경험, 긴장, 여성에게 부여되는 가치와 존중, 불운, 두려움, 관계에 대한 지식 부족, 선택 가능한 사항에 대한 지식 부족 등을 들 수 있다(Adames & Campbell, 2005).

여성은 신체적, 심리적, 성적 하대를 오랫동안 받아온 경향이 있다(Davila & Brackley, 1999).

부모와 대가족 구성원에 의한 아동 하대는 흔하다. 여성은 하대를 피하기 위해 일찍부터 원가족을 떠나지만, 친밀한 파트너에게 주기적으로 하대를 다시 경험한다(Divin, Volker, & Harrison, 2013). 어린 시절에 성적 하대를 경험한 여성은 성인이 되어서 가장 폭력을 경험할 위험이 더 크다(Fuchsel, 2013).

원가족은 양면적인 시각으로 여겨진다. 여성들은 원가족들로부터 종종 거부당하고 정서적으로 하대받는다고 느끼지만, 미국으로 이민하는 과정에서는 원가족의 도움을 받을 수도 있다(Kim, Draucker, Bradway, Grisso, & Sommers, 2017).

여성들이 평생 가족과 친구뿐만 아니라 형사 사법 체계의 개입들로부터 반복적으로 하대를 받는 것은 드문 일이 아니다. 파트너의 가족 구성원들이 하대자가 될 수도 있으며, 파트너의 자녀들은 자신들이 목격하고 견뎌 낸 하대를 흉내 내는 경우도 있다(Liendo, Wardell, Engebretson, & Reininger, 2011).

IPV는 하대와 알코올을 남용 가족들, 갈 곳이 없다는 인식 때문에 집을 떠나기를 주저하는 여성들이 심리로 인해서 더욱 촉진된다. 여성들은 또한 종교적, 재정적 이유와 단기적으로는 자녀를 위한 최선이라고 생각하기 때문에 집에 머물러 있다(Mattson & Ruiz, 2005).

멕시코 이민자 여성은 출신 가족 내에서 IPV가 일상화되어 있기 때문에 IPV에 매우 취약하다고 생각한다(Montalvo-Liendo, Wardell, Engebretson, & Reininger, 2009). | 하대받는 멕시코계 미국인 여성이 가족과 친구들로부터 반복적으로 하대를 받는 것은 드문 일이 아니다(Adames & Campbell, 2005; Davila & Brackley, 1999; Divin et al., 2013; Fuchsel, 2013; Kim et al., 2017; Liendo et al., 2011; Mattson & Ruiz, 2005; Montalvo-Liendo et al., 2009). |

범주: 삶의 방식으로서의 학대

연구 내 메모	연구 간 메모
많은 이주 여성들은 친밀한 파트너를 친구나 연인으로 생각하지 않는다. 종종 그들은 법적 신분, 외로움, 임신 등으로 인해 오랜 기간 알지 못했던 남자와 결혼해야 한다고 느낀다. 멕시코 문화에 따라 여성은 남성과 성관계를 맺게 되면 그 남성에게 헌신해야 한다고 생각한다(Fuchsel, Murphy, & Dufresne, 2012). 부모와 대가족 구성원에 의한 아동 학대는 흔하다. 여성은 학대를 피하기 위해 원가족을 떠나지만, 친밀한 파트너에게 주기적으로 학대를 다시 경험하게 된다(Divin et al., 2013). 혼전 순결은 매우 중요하게 여겨진다. 여겼을 때 성적으로 학대를 당하거나(종종 직계 가족에 의해) 위협적인 파트너에게 강간당한 여성은 결혼은 해당 지역사회에서 매우 부로 여겨진다. 이런 여성들은 원가족으로부터 거부당하여 집에서 쫓겨나고, 학대자와 강제로 결혼하게 된다(Kim et al., 2017).	여성은 해가족을 일찍 떠나 결혼한 후 친밀한 파트너에게 학대를 다시 경험하는 경향이 있다. 가족이 아닌 사람에게 성적 학대를 당한 여성의 경우, 문화적 관습에 따라 가해자와 결혼해야 하며, 그로 인해 학대의 악순환을 계속된다(Fuchsel, 2012; Divin et al., 2013; Kim et al., 2017).

범주: 학대의 전조

연구 내 메모	연구 간 메모
여성의 경우 IPV의 전조로는 공격적이거나 학대적인 가족, 이민 경험, 관습, 여성에 대한 가치와 존중, 불안, 두려움, 관계에 대한 지식 부족, 선택 가능한 사항에 대한 지식 부족 등을 들 수 있다(Adames & Campbell, 2005). IPV는 스트레스를 해소하는 남성우월주의적인 방식이다(Adames & Campbell, 2005). 멕시코 이민자들 사이의 친밀한 관계는 남성우월주의 과시(Machismo), 남성 지배, 술, 마약 사용과 같은 사회문화적 압력의 영향을 받는다. 남성은 이민과 관련된 변화 대처에서 어려움을 겪는다(Adames & Campbell, 2005). 여성은 제도화된(사회적으로 기반한) 성 불평등과 폭력적인 가족 제도를 경험한다. 여성은 남성을 내조하고 결혼 생활을 유지해야 한다는 압박을 받게 된다(Adames & Campbell, 2005). 여성은 신체적, 정신적, 성적 학대를 오랫동안 받아온 경향이 있다(Davila & Brackley, 1999). 남성과의 사회적, 성적 관계 측면에서 여성은 힘이 부족하다고 보고한다(Davila & Brackley, 1999). 멕시코의 남성우월주의적인 문화 전통으로 인해 여성은 집에 머무르면서 남편에게 복종하고, 협업 관계가 없는 남성과의 교류를 제한받는다. 이러한 방식은 미국에서는 생계를 유지하기 위해 제대로 작동하지 않는다(Grzywacz, Rao, Gentry, Marin, & Arcury, 2009).	멕시코계 미국인 문화에서 친밀한 파트너 폭력은 남성우월주의에 의해 유발되는데, 남성우월주의에 찾어 있는 남성들은 가부장적이면서 지배적이고, 통제적이다(Adames & Campbell, 2005; Davila & Brackley, 1999; Grzywacz et al., 2009; Kyriakakis et al., 2012; Mattson & Ruiz, 2005). 반대로, 여성은 복종적이고 가정과 가정을 돌보는 역할을 해야 한다(Grzywacz et al., 2009; Kyriakakis et al., 2012; Montalvo-Liendo et al., 2009; Moya et al., 2014).

남성들은 여성이 자신을 존중하고, 복종하고, 가정과 자녀를 돌보고, 아름다움을 유지하며, 성적 욕구를 충족해 줄 것이라는 가부장적 기준을 가지고 있다(Kyriakakis, Dawson, & Edmond, 2012).

여성들은 생존을 위해 꼭 필요한 경우에만 집 밖에서 일할 수 있었다. 여성들은 자주 남편에게 자신의 월급을 내주어야 했다(Kyriakakis et al., 2012).

멕시코 남성은 신체적 학대를 인식하는 경향이 있는 반면, 여성은 신체적, 심리적 학대를 모두 인식한다. 어린 시절부터 남성과 여성 모두 신체적 폭력을 남성다움으로 생각하는데, 이러한 사고가 여성을 통제하는 결과를 가져오게 된다(Mattson & Ruiz, 2005).

멕시코에서는 IPV가 처벌되지 않는다(Mattson & Ruiz, 2005).

종교적 신념과 마리아주의(marianismo)는 가족을 유지하기 위해 희생하고 복종해야 한다는 관념을 여성들에게 강요하게 된다. 미국에서는 이러한 문화적 전통이 양성평등 개념, 여성이 남성보다 더 많은 취업 기회를 가질 수도 있다는 사실과 충돌하고 있다(Mattson & Ruiz, 2005).

IPV는 학대의 가족력, 알코올 남용, 그리고 여성들이 갈 곳이 없다고 인식하기 때문에 집에 떠나기를 주저하는 심리로 인해서 더욱 촉진된다. 여성들은 또한 종교적, 경제적 이유로 집에 머무르게 되며, 단기적으로는 그것이 자녀를 위한 최선이라고 생각하기 때문에 가정에 머무른다(Mattson & Ruiz, 2005).

멕시코 이민자 여성은 원가족 내에서 IPV가 일상화되어 있기 때문에 IPV에 매우 취약하다(Montalvo-Liendo, Wardell, Engebretson, & Reininger, 2009).

멕시코 문화권에서 여성은 고통과 가사를 돌보는 역할을 수행하도록 사회화된다(Moya, Chávez-Baray, & Martinez, 2014).

범주: 학대의 전조	
연구 내 메모	연구 간 메모
여성의 유급 고용은 가정 내 관계의 긴장을 유발하게 되는데, 이는 가족 내에서 역할을 재협토(renegotiation)를 필요로 하게 된다. 여성들은 고용을 통해 받게 되는 새로운 재량 자금(discretionary funds), 의사결정 영향력 및 서비스에 접근할 수 있는 능력에 의해 자율권을 얻게 된다고 느낀다. 동시에 여성들은 육아와 가사노동에 할애할 시간이 좁아들까봐 불구하고 남편이 도와주지 않아 좌절감을 느낀다(Grzywacz et al., 2009). 남성들은 가정 내 유일한 생계부양자이자 의사결정권자로서의 역할을 상실했다는 사실에 좌절하고	멕시코계 미국인 여성이 미국에 입국하면 생계를 유지하기 위해 집 밖에서 일자리를 구해야 하는 경우가 많다(Grzywacz et al., 2009; Kyriakakis et al., 2012). 이는 전통적인 가족 구조를 뒤흔들게 되는데, 멕시코계 미국인 남성은 가족의 생계를 책임지는 가장이자 의사결정권자로서의 역할을 여성들과 공유해

분노한다.

남성들은 권력과 존경심을 상실했다고 느끼고, 아내가 집안을 관리하고 자신들의 요구를 충족시켜 줄 시간이 부족하다는 사실에 분개한다. 또한, 남성들은 파트너에게 도움을 주려고 할 때 파트너가 자신의 노력에 불만을 가진다고 인식한다(Grzywacz et al., 2009).

여성들은 생존을 위해 꼭 필요한 집 밖에서만 일할 수 있었다. 여성들은 자주 남편에게 일할 수 있음을 위협을 내주어야 했다(Kyriakakis et al., 2012).

멕시코 이민자들 사이의 친밀한 관계는 남성우월주의 과시(Machismo), 남성 지배, 술, 마약과 같은 사회문화적 압력의 영향을 받는다. 남성은 이민과 관련된 변화 대처에서 어려움을 겪는다(Adames & Campbell, 2005).

남성우월주의 과시(Machismo)는 혼외정사로 이어질 수 있으며, 여성들은 종종 이를 멕시코 문화의 일부로 받아들인다(Fuchsel et al., 2012).

종교적 신념과 마리아주의(marianismo)는 가족을 유지하기 위해 화해하고 복종해야 한다는 관념을 여성들에게 강요하게 된다. 미국에서는 이러한 문화적 전통이 양성평등 개념, 여성이 남성보다 더 많은 취업 기회를 가질 수도 있다는 사실과 충돌하고 있다(Mattson & Ruiz, 2005).

	연구 간 메모
	야 한다. 멕시코계 미국인 남성은 권력과 통제력을 잃어 가는 것에 적응해야 하며, 아내로부터 더 적은 시간의 내조와 관심을 받는 데도 적응해야 한다(Adames & Campbell, 2005; Grzywacz et al., 2009). 일부 멕시코계 미국인 남성은 고통을 완화하기 위해 해서 혼외정사 및/또는 알코올과 약물 남용에 의존한다(Adames & Campbell, 2005; Fuchsel et al., 2012; Kyriakakis et al., 2012; Mattson & Ruiz, 2005).

범주: 친밀한 파트너 폭력의 해결

연구 내 메모	연구 간 메모
여성들은 부모, 자매, 가까운 친구에게 상황을 털어놓는 경향이 있다. 이런 사람이 없다면 여성은 침묵을 지킬 가능성이 높다(Belknap & Sayeed, 2003). 멀리 떨어져 사는 부모는 안전한 피난처, 돈, 음식, 의복, 정서적 지원을 제공함으로써 매우 멀을 돕게 된다. 때로는 가까운 곳에 사는 부모(예: 멕시코)는 대개 정서적 지원을 하는 데 있어서 제약이 있을 수 있다. 그러나 가까이 사는 가족들은 피난처, 돈, 음식 및/또는 형제자매가 미국으로 건너가서 도움을 주기도 한다(Kyriakakis, 2014). 여성들은 때때로 가족으로부터의 반복적인 폭력(revictimization)을 피하기 위해 친구에게 도움을 요청하기도 한다(Liendo et al., 2011). 여성들은 종종 가족보다는 친구에게 먼저 자신의 이야기를 털어놓는다. 친구들은 일반적으로 여성들을 지지하고 자신감을 심어준다. 이 과정에서 상호 신뢰감이 형성된다(Montalvo-Liendo et al., 2009).	멕시코계 미국인 여성은 도움을 줄 수 있는 유일한 가족 구성원에게 의존하도록 유도한다(Belknap & Sayeed, 2003). 멀리 사는 가족은 정서적 지원을 제공하는 데 한계가 있을 수 있다. 그러나 가까이 사는 가족들은 피난처, 돈, 음식 및/또는 의복을 제공하는 경우가 많다(Kyriakakis, 2014). 가족의 도움이 없을 때, 멕시코계 미국인 여성은 여성 친구에게 의지한다. 신뢰할 수 있는 친구들은 롤 모델 역할을 하며, 멕시코계 미국인 여성이 친밀한 파트너

처음에 여성들은 단지 자신이 옳다는 확인만을 원할 뿐, 무엇을 해야 할지에 대한 조건을 구하지 않을 수도 있다(Montalvo-Liendo et al., 2009).

멕시코 문화권에서는 가족이 아닌 사람들과 문제를 공유하는 것이 금기시되며, 여성들은 지역사회에 소문이 퍼지는 것을 걱정한다. 그러나 가족이 없을 때, 멕시코 여성들은 학대에 따른 적정을 친구와 공유하는 등 과감한 조치를 취하게 된다. 그들은 여성 친구들을 롤 모델로 삼는다(Kyriakakis, 2014).

여성폭력방지법(Violence Against Women Act, VAWA) 셀프 청원에 대해 직접 문의하는 여성은 거의 없다. VAWA 셀프 청원에 대한 인지도는 시간이 지나면서 높아지는 경향이 높으며, 정보는 비공식 이민자 네트워크에 속해 있는 가족이나 이웃이 친구들로부터 얻을 수 있다. 때때로 정보는 교회 공동체, 상담, 응급 구조대 또는 Head Start와 같은 아동 서비스 기관에서 얻기도 한다(Ingram et al., 2010). 여성들은 이혼이나 기타 서비스에 대해 문의하기 위해 별도 지원을 받는 경향이 있으며, 이후 학대자 몰래 자신과 자녀가 함께할 이민자 신분을 취득할 수 있는 여러 방식(option)에 대해 알게 된다.(Ingram et al., 2010).

폭력을 해결하는 데 필요한 격려와 지원을 한다(Belknap & Sayeed, 2003; Kyriakakis, 2014; Liendo et al., 2011; Montalvo-Liendo et al., 2009).

멕시코계 미국인 여성들은 다른 사람에게 상황을 털어놓기 시작할 때, 단지 자신의 상황이 견딜 수 없는 것임을 확인 받고 개선의 희망이 있다는 사실을 기대할 수 있다. 이후에 어떻게 해야 할지에 대한 조언을 구할 가능성이 높다(Montalvo-Liendo et al., 2009). 이때 경찰에 신고하거나, 보호 명령을 받거나, 자녀 양육비를 청구하는 등의 조치를 취하게 될 수 있다(Kyriakakis, 2014; Ingram et al., 2010). 그러나 이러한 초기 노력들이 친밀한 파트너 폭력의 즉각적인 해결로 이어지는 경우는 드물다.

범주: 친밀한 파트너 폭력의 해결

연구 내 메모	연구 간 메모
여성들은 몇 주에서 몇 달 동안 파트너와 별거하다가 신체적, 정서적, 또는 심리적 학대가 자녀에게 영향을 미치면 다시 돌아오는 경우가 많다(Fuchsel et al., 2012). 여성이 경찰에 신고한 후, 파트너가 진술을 철회하도록 강요하면 문제가 발생한다(Montalvo-Liendo et al., 2009). 일부 여성들은 자신들이 곤경에 처하게 될 때 신의 역할에 대해 갈등을 겪게 되지만, 전반적으로 신앙 공동체와 기도는 여성이 학대에 대처하는 데 도움이 되는 경향이 있다. 여성들은 있고, 용서하고, 용서 받기 위해 기도한다. 그러나 대부분은 힘을 얻고 고통을 줄이기 위해 기도한다(Divin et al., 2013). 학대하지 않는 새로운 파트너는 치유를 촉진시킨다. 꾸준한 노력과 치료, 신에 대한 믿음, 가족의 지원, 학대하지 않는 파트너는 치유를 지향하는 데 도움이 될 수 있다(Dovydaitis, 2011).	대신, 친밀한 파트너는는 메시지계 미국인 여성이 확실한 조치를 취하기 전에 여성이 집으로 돌아가고, 법적 고소를 취하하도록 반복적으로 회유할 가능성이 높다(Fuchsel et al., 2012; Montalvo-Liendo et al., 2009). 여성들은 친밀한 파트너 폭력을 해결하는 과정에 공동체적 기도는 친밀한 파트너 폭력을 해결하는 과정에 신앙 공동체나 독립적인 영적 수행에 참여하는 서 신앙 자기 자신을 지향하는 것이 자기 자신을 지향하는 데 도움이 될 수 있다

고 말한다(Divin et al., 2013; Dovydaitis, 2011). 그들은 또한 치료가 도움이 될 수 있다고 지적하고 있는데, 특히 치료가 평생 동안 발생한 외상성 사건에 초점을 맞추는 경우 더욱 도움이 될 수 있다고 하였다(Dovydaitis, 2011). 일단 멕시코계 미국인 여성은 안정감을 느끼면 교육을 받고, 언어 능력을 향상시키고, 일자리를 찾고, 새로운 파트너와의 관계를 발전시키는 등 자신에게 투자하는 경향이 있다(Dovydaitis, 2011; Kim et al., 2017).

그들의 삶에 스며든 충격적인 사건을 표적으로 삼는 치료가 권장된다(Dovydaitis, 2011). 여성들은 이주, 학대하는 파트너와의 분리, 영어 학습, 교육과 재정적 및 개인적 독립을 통한 삶의 개선에 집중하고 있다. 여성들은 자신의 삶을 개선하기 위해 타인 지향적이기보다는 자기 지향적이어야 한다는 것을 알게 된다(Dovydaitis, 2011).
미국 국무의 이민은 재정적으로 성공하고, 학대하는 파트너로부터 벗어나 독립하는 방법으로 여겨진다. 여성들은 영어를 배우고 더 많은 교육을 받는 것을 중요하게 생각한다. 여성은 타인 지향적인 성향보다 자기 지향적인 성향이 더 강해지게 된다(Kim et al., 2017).
자기 지향성(self-orientation)이 높아지면 학대하지 않는 새로운 파트너를 찾고 상호 만족스러운 성관계를 경험할 수 있다(Kim et al., 2017).

메모와 도표는 코딩되고 분류된 데이터 표와 함께 데이터 분석 과정의 감사 추적(audit trail)을 구성함으로써 연구 결과의 출처가 투명해지도록 한다. 잘 다듬어진 메모와 도표(부록 3의 그림 A3.1과 부록 4의 그림 A4.1 참조)는 공식적인 연구 보고서의 결과 부분을 작성하는 데 기초가 되며, 최종적으로 완성된 도표는 연구 보고서에 포함되어 독자들에게 연구 결과를 한눈에 보여줄 수 있는 개요(snapshot)를 제공해 준다(Finfgeld-Connett, 2014b).

타당성

타당성(validity)은 연구 결과에 대한 신뢰성(trustworthiness)을 의미한다. 이론-생성 메타합성 연구에서 타당성은 특히 질적 메타합성으로 생성되는 이론(resultant theory)의 신뢰성(trustworthiness) 또는 신빙성(credibility)과 관련이 있다. 연구 과정 전반에 걸쳐서 타당성을 향상시키기 위해 편향되지 않은 데이터 수집 및 표집, 다각화(triangulation), 성찰(reflexivity)등의 다양한 전략이 활용된다.

이론-생성 메타합성 연구를 수행할 때 연구물의 질을 평가하지 않는다는 점을 유의해야 한다. 이는 실제 연구 자체를 평가할 수 없고, 연구물의 내용만 평가할 수 있다는 사실과 관련이 있다. 또한, 질적 연구물의 결과는 피상적으로만 비판될 수 있으며, 평가는 주관적이고 편향될 수도 있다(Finfgeld-Connett, 2014b; Sandelowski & Barroso, 2002b; Thorne, 2009). 따라서 연구물의 질을 평가하는 대신, 메타합성으로 생성된 이론의 타당성을 확보하고 강화하기 위한 다양한 방법들이 사용된다. 이러한 방법은 다음과 같다.

편향되지 않은 데이터 수집과 표집

메타합성을 통해 생성된 이론의 타당성은 편향되지 않은 데이터 수집, 표집 방법을 통해서 확보된다. 이러한 방법에는 상업적 및 비상업적(예: 정부)으로 발표된 연구물에 대한 데이터베이스를 전문적으로 검색하기 위해 합당한 기준(예: 기준 날짜)을 사용하는 것뿐만 아니라, 여기에는 인용 문헌, 선행연구(ancestral), 저자 및 주요 저널 검색 전략을 사용하여 문헌을 체계적으로 탐색하는 것도 포함된다. 목차 알림(table of contents alerts[TOC])을 설정하면 새로 출판된 연구물을 놓치지 않을 수 있으며, 이론적 표집 전략을 사용하면 질적 메타합성으로 생성되는 이론(resultant theory)의 간극을 메우는 데 도움이 된다. 이러한 데이터 수집 및 표집 방법에 대한 자세한 내용은 3장을 참조하도록 한다.

다각화

이론-생성 메타합성 연구를 수행할 때, 연구자 다각화, 이론적 다각화, 방법론적 다각화 등 세 가지 형태의 다각화 방법을 융합(convergence)하여 타당성을 높일 수 있다. 기본적으로 메타합성 연구의 표본을 구성하는 1차 질적 연구는 여러 이론적 틀과 다양한 연구 방법을 사용하여 많은 연구자에 의해 수행된다. 이러한 다양한 요소들이 연구 주제에 대한 철저하고 편향되지 않은 접근을 가능하게 한다.

이론-생성 메타합성 연구에서, 다양한 연구팀원이 협력하여 편향을 줄이고 엄밀성을 높이기 위해 다각화(triangulation)를 수행하기도 한다. 팀의 구성원들은 각자의 다양한 연구 경험과 관점을 연구 프로젝트에 반영하여 1차 연구물을 탐색하는 과정에서 합리적인 의사 결정을 내릴 수 있도록 돕는다. 또한, 연구팀원은 표본의 포함 및 제외 기준이 합리적이고 동일하게(equitably) 적용될 수 있도록 지원한다. 더 나아가 원자료를 식별, 추출, 코딩/분류하기 위한 엄격한 프로토콜을 체계적으로 개발하고 실행하기 위해 협력한다. 결과적으로 연구팀원은 명확한 설명 메모를 작성하고 복잡한 과정을 명료화하는 데 중요한 역할을 할 수 있다(Finfgeld, 2003).

팀워크의 장점과는 별개로, 두 가지 사항을 명확히 할 필요가 있다. 첫째, 모든 연구자가 지속적으로 대화하고 협력하는 동시적 접근 방식(synchronous approach)은 다각화(triangulation)를 극대화하는 데 도움이 된다. 동시적 접근 방식은 개인이 특정 작업(예: 데이터 수집, 추출, 코딩/범주화, 메모 또는 도표 작성)을 각각 맡는 단편적(piecemeal) 또는 조립식 접근 방식과 대조된다. 단편적 또는 조립식 모델을 사용할 경우, 팀원들은 연구자 다각화(researcher triangulation)를 최적화하는 데 필요한 전체 연구 과정을 동시에 포괄적으로 이해할 수 없게 된다.

둘째, 다각화를 최적화하려면 팀원이 평등하게 의견을 나누고, 절충하는 데 전념해야 한다. 그렇지 않으면 한두 명의 개인이 의사 결정을 지배할 가능성이 높아진다. 이러한 문제를 방지하기 위해 연구자는 팀원 간의 계층적 관계와 권력적인 역학 관계를 사전에 평가하여 연구 과정 전반에 걸쳐 편향되지 않은 의사 결정 지침을 수립하고 유지될 수 있도록 해야 한다.

성찰

성찰(Reflexivity)은 이론-생성 메타합성 연구에서 타당성을 확보하기 위한 또 다른 전략이다. 성찰은 연구자가 자신의 편견이 데이터 수집 및 분석에 영향을 미치지 않도록 자신의 관점을 비판적으로 살펴보는 것을 의미한다(Berger, 2013; Polit & Beck, 2017). 예를 들어, 연구자는 데이터를 수집하는 동안 주요 검색어, 학문 분야별 데이터베이스, 역사적 기준일(historical cutoff dates) 등을 선택할 때 선입견이나 가정에 근거하여 연구물을 포함하거나 제외하고 있는지 지속적으로 성찰해야 한다.

데이터 분석 과정 전반에 걸쳐 연구자는 코드, 하위 범주, 범주, 메모, 도표의 정확성과 명확성을 성찰하여 평가하고, 1차 연구 결과가 개인의 인식에 근거하여 잘못 해석되었다는 것이 분명해지면 이를 변경해야 한다. 개인적인 편견에 대한 인식은 시간이 지나면서 점차 발생하는 경향이 있으며, 초기에는 연구자가 새로운 발견에 대해 확신이 없을 수도 있다. 이러한 불확실성이 증가할 경우 데이터 분석에 따른 결정을 재평가해야 하며, 새로운 발견은 충분히 데이터에 근거할 때에만 수정해야 한다.

타당성 기준

포화

이론-생성 메타합성 연구에서는 타당성을 평가하기 위해 포화 (saturation), 적합성(fit), 전이 가능성(transferability) 기준을 사용한다. 먼저, 포화의 기준은 단순히 수집된 원자료의 양에 의존하지 않는다. 오히려, 포화는 수주에서 수개월에 걸친 성찰적이고 엄격한 데이터 수집 및 분석 과정을 통해 연구자가 얻은 인식에 기반한다. 즉, 연구자는 소량의 상반된 데이터가 나타날 가능성이 거의 없으며, 설령 나타나더라도 그 데이터가 연구 결과에 영향을 미치지 않을 것이라고 확신할 수 있을 때 포화 상태에 도달한 것으로 본다(Corbin & Strauss, 2008; Finfgeld-Connett, 2014b).

주목할 점은 연구자가 이론-생성 메타합성 연구를 수행할 때, 데이터 풀(data pool)이 한정(finite)되어 있다는 사실이다. 어느 시점에서든 표본에 포함될 자격이 있는 1차 연구물의 수는 고정되어 있으며, 연구자는 표본을 계속 추가할 수 없다. 이는 일부 새롭게 도출된 연구 결과가 포화되지 않은 상태로 남아 있을 수 있음을 의미한다.

적합성

포화 상태에 도달하지 않더라도 다른 그럴듯한 설명이 존재하지 않는 경우, 새로운 발견은 타당하다고 볼 수 있다. 이러한 타당성 기준을 적합성 (fit)이라고 한다. 데이터 분석은 단순히 기존 개념을 재입증하거나 기존 개념의 명칭(label)을 재명명(relabelling)하는 것 이상의 의미를 가지기 때문에, 이론 개발을 목표로 하는 연구에서는 적합성이 특히 중요하다. 데이터 분석은 연구 전반에 걸쳐 수집된 데이터를 합성하여 새로운 형상을 추론적으로 연결하고, 이를 통해 새로운 지식을 생성하는 과정이다(Finfgeld-Connett, 2014b; Morse & Singleton, 2001). 이론 개발을 목표로 하는 연구에서는 충분한 포화(patent saturation) 상태에 도달하는 것이 항상 가능하지 않을 수 있다. 따라서 연구의 타당성은 그럴듯한 '논리 전개'를 통해 설명을 제시하고, 이를 반박할 수 있는 다른 합리적인 주장이나 설명이 없는지에 따라 달라질 수 있다(Finfgeld-Connett, 2014b; Noblit & Hare, 1988, p. 62).

포화 상태에 도달하지 못하거나 적합성 기준을 충족하지 못하는 질적 연구 결과(즉, 원자료)는 보류해야 한다(Finfgeld-Connett, 2014b). 그렇다고 해서 이러한 연구 결과들이 처음 보고된 1차 연구의 맥락에서 유효하지 않다는 의미가 아니다. 그보다는 현재 수행 중인 이론-생성 메타합성 연구의 맥락에서 질적 연구 결과들이 충분한 포화 상태에 도달하지 못했거나 적합하지 않다는 의미이다. 이러한 상황은 일반적으로 원자료가 연구 범위를 벗어날 때 발생한다.

전이 가능성

전이 가능성(transferability)은 메타합성으로 생성된 이론을 실제 현장에서 사고하고, 의사 결정을 내리며, 행동하는 데 활용할 수 있는 능력을 의미한다. 이러한 외적 타당성(external validity) 기준이 충족되는지 여부는 연구자가 즉시 판단할 수 없다. 대신 현장 전문가들(예: 임상의)이 해당 이론을 신중하게 평가하고 실제로 적용해 보아야 한다(Finfgeld-Connett, 2010). 메타합성으로 생성된 이론의 외적 타당성 평가는 6장에서 더욱 자세히 다룰 예정이다.

참여적 실행연구(participatory action research)는 실무자들이 이론을 실제 현장에 적용해 보면서 이론의 적합성에 대한 통찰을 얻을 수 있기 때문에, 메타합성으로 생성된 이론의 실제 적용 가능성과 효과를 평가하는 데 유망한 연구 설계이다(Genat, 2009). 시간이 지나면서 누적된 임상 관찰(즉, 경험적 증거)은 더 많은 1차 연구와 업데이트된 메타합성의 필요성을 정당화할 수 있다. 메타합성 연구 결과의 업데이트에 관한 논의는 6장에서 설명한다.

학습 활동

여러분이 선택한 주제와 관련된 세 편의 1차 질적 연구물을 활용하여 이론-생성 메타합성 연구 수행에 필요한 다음의 활동을 완료해 보시오.

1. 각 1차 연구물에서 질적 연구 결과를 읽고, 분석하고, 강조 표시를 한다.

2. 각 1차 연구물의 여백에 잠정 코드/범주를 표기하고, 코딩 표 양식을 만들어 본다.

3. 질적 연구 결과를 추출하여 앞에서 미리 형식화한 코딩표 양식에 입력한다.

4. 위의 1~3 활동을 바탕으로 전체 세 편의 질적 연구에서 발견한 연구 결과에 해당하는 코드를 선택하고, 연구 내 및 연구 간 메모를 작성한다.

5. 활동 4에서 작성한 연구 간 메모를 세부 조정하여 과정 이론(process theory)의 일부를 명확하게 표현한다.

참고문헌

Adames, S. B., & Campbell, R. (2005). Immigrant Latinas' conceptualizations of intimate partner violence. *Violence Against Women, 11*, 1341-1364. doi: 10.1177/1077801205280191

Austin, W., Gallop, R., McCay, E., Peternelj-Taylor, C., & Bayer, M. (1999). Culturally competent care for psychiatric clients who have a history of sexual abuse. *Clinical Nursing Research, 8*, 5-25. doi: 10.1177/105477389900800102

Belknap, R. A., & Sayeed, P. (2003). Te contaria mi vida: I would tell you my life, if only you would ask. *Health Care for Women International, 24*, 723-737. doi:10.1080/07399330390227454

Berger, R. (2013). Now I see it, now I don't: Researcher's position and reflexivity in qualitative research. *Qualitative Research, 15*, 219-234. doi: 10.1177/1468794112468475

Birks, M., Chapman, Y., & Francis, K. (2008). Memoing in qualitative research: Probing data and processes. *Journal of Research in Nursing, 13*, 68-75. doi: 10.1177/1744987107081254

Buckley, C. A., & Waring, M. J. (2013). Using diagrams to support the research process: Examples from grounded theory. *Qualitative Research, 13*, 148-172. doi: 10.1177/1468794112472280

Burnette, C. E. (2013). Unraveling the web of intimate partner violence (IPV) with women from one southeastern tribe: A critical ethnography. Doctoral dissertation. Retrieved from https://ir.uiowa.edu/cgi/viewcontent.cgi?article=4577&context=etd Corbin, J., & Strauss, A. (2008). *Basics of qualitative research 3e: Techniques and procedures for developing grounded theory.* Thousand Oaks, CA: Sage.

Davila, Y. R., & Brackley, M. H. (1999). Mexican and Mexican American women in a battered women's shelter: Barriers to condom negotiation for HIV/AIDS prevention. *Issues in Mental Health Nursing, 20*, 333-355. doi: 10.1080/016128499248529

Divin, C., Volker, D. L., & Harrison, T. (2013). Intimate partner violence in Mexican- American women with disabilities: A secondary data analysis of cross-language research. *Advances in Nursing Science, 36*, 243-257. doi: 10.1097/

ANS.0b013e31829edcdb

Dovydaitis, T. (2011). *Somos hermanas del mismo dolor (We are sisters of the same pain): Intimate partner sexual violence narratives among Mexican immigrant women in Philadelphia*. (Dissertation). Philadelphia, PA: The University of Pennsylvania.

Finfgeld, D. L. (2003). Meta-synthesis: The state of the art—so far. *Qualitative Health Research, 13*, 893-904. doi: 10.1177/1049732303253462

Finfgeld-Connett, D. (2010). Generalizability and transferability of meta-synthesis research findings. *Journal of Advanced Nursing, 66*, 246-254. doi: 10.1111/j.1365-2648.2009.05250.x

Finfgeld-Connett, D. (2014a). Meta-synthesis findings: Potential versus reality. *Qualitative Health Research, 24*, 1581-1591. doi: 10.1177/1049732314548878

Finfgeld-Connett, D. (2014b). Use of content analysis to conduct knowledge-building and theory-generating qualitative systematic reviews. *Qualitative Research, 14*, 341-352. doi: 10.1177/1468794113481790

Finfgeld-Connett, D. (2015). Qualitative systematic review of intimate partner violence among Native Americans. *Issues in Mental Health Nursing, 36*, 754-760. doi: 10.3109/01612840.2015.1047072

Finfgeld-Connett, D. (2017). Intimate partner violence and its resolution among Mexican Americans. *Issues in Mental Health Nursing, 38*, 464-472. doi:10.1080/01612840.2017.1284968

Finfgeld-Connett, D., Bloom, T. L., & Johnson, E. D. (2012). Perceived competency and resolution of homelessness among women with substance abuse problems. *Qualitative Health Research, 22*, 416-427. doi: 10.1177/1049732311421493

Finfgeld-Connett, D., & Johnson, E. D. (2013). Abused South Asian women in western- ized countries and their experiences seeking help. *Issues in Mental Health Nursing, 34*, 863-873. doi: 10.3109/01612840.2013.833318

Fuchsel, C. L. M. (2012). The Catholic Church as a support for immigrant Mexican women living with domestic violence. *Social Work G Christianity, 39*, 66-87.

Fuchsel, C. L. M. (2013). Familism, sexual abuse, and domestic violence among immigrant Mexican women. *Affilia: Journal of Women G Social Work, 28*, 379-390. doi: 10.1177/0886109913503265

Fuchsel, C. L. M., Murphy, S. B., & Dufresne, R. (2012). Domestic violence, culture, and relationship dynamics among immigrant Mexican women. *Affilia: Journal of Women G Social Work, 27*, 263-274. doi: 10.1177/0886109912452403

Genat, B. (2009). Building emergent situated knowledges in participatory action research. *Action Research, 7*, 101-115. doi: 10.1177/1476750308099600

Grzywacz, J. G., Rao, P., Gentry, A., Marín, A., & Arcury, T. A. (2009). Acculturation and conflict in Mexican immigrants' intimate partnerships: The role of women's labor force participation. *Violence Against Women, 15*, 1194-1212. doi: 10.1177/1077801209345144

Ingram, M., McClelland, D. J., Martin, J., Caballero, M. F., Mayorga, M. T., & Gillespie, K. (2010). Experiences of immigrant women who self-petition under the Violence Against Women Act. *Violence Against Women, 16*, 858-880. doi: 10.1177/1077801210376889

Jones, L. (2008). The distinctive characteristics and needs of domestic violence victims in a Native American community. *Journal of Family Violence, 23*, 113-118. doi: 10.1007/ s10896-007-9132-9

Kallivayalil, D. (2010). Narratives of suffering of South Asian immigrant survivors of domestic violence. *Violence Against Women, 16*, 789-811. doi:10.1177/1077801210374209

Kim, T., Draucker, C. B., Bradway, C., Grisso, J. A., & Sommers, M. S. (2017). Somos hermanas del mismo dolor (We are sisters of the same pain): Intimate partner sexual violence narratives among Mexican immigrant women in the United States. *Violence Against Women, 23*, 623-642. doi: 10.1177/1077801216646224

Kyriakakis, S. (2014). Mexican immigrant women reaching out: The role of informal networks in the process of seeking help for intimate partner violence. *Violence Against Women, 20*, 1097-1116. doi: 10.1177/1077801214549640

Kyriakakis, S., Dawson, B. A., & Edmond, T. (2012). Mexican immigrant survivors of intimate partner abuse: Conceptualization and descriptions of abuse. *Violence and Victims, 27*, 548-562.

Lempert, L. B. (2007). Asking questions of the data: Memo writing in the grounded theory tradition. In A. Bryant & K. Charmaz (Eds.), *The Sage handbook of grounded theory* (pp. 245-264). Thousand Oaks, CA: Sage.

Liendo, N. M., Wardell, D. W., Engebretson, J., & Reininger, B. M. (2011). Victimization and revictimization among women of Mexican descent. *Journal of Obstetric, Gynecologic, G Neonatal Nursing (JOGNN), 40*, 206-214. doi: 10.1111/j.1552-6909.2011.01230.x

Matamonasa-Bennett, A. (2013). "Until people are given the right to be human again": Voices of American Indian men on domestic violence and traditional cultural values. *American Indian Culture and Research Journal, 37*, 25-52. doi: 10.17953/aicr.37.4.e182111585n56001

Mattson, S., & Ruiz, E. (2005). Intimate partner violence in the Latino community and its effect on children. *Health Care for Women International, 26*, 523-529. doi: 10.1080/07399330590962627

Miles, M. B., & Huberman, A. M. (1994). *Qualitative data analysis* (2nd ed.). Thousand Oaks, CA: Sage.

Montalvo-Liendo, N., Wardell, D. W., Engebretson, J., & Reininger, B. M. (2009). Factors influencing disclosure of abuse by women of Mexican descent. *Journal of Nursing Scholarship, 41*, 359-367. doi: 10.1111/j.1547-5069.2009.01304.x

Morse, J. M., & Singleton, J. (2001). Exploring the technical aspects of "fit" in qualitative research. *Qualitative Health Research, 11*, 841-847. doi:10.1177/104973201129119424

Moya, E. M., Chávez-Baray, S., & Martinez, O. (2014). Intimate partner violence and sexual health: Voices and images of Latina immigrant survivors in Southwestern United States. *Health Promotion Practice, 15*, 881-893. doi: 10.1177/1524839914532651

Noblit, G. W., & Hare, R. D. (1988). *Meta-ethnography: Synthesizing qualitative studies*. Newbury Park, CA: Sage.

Onwuegbuzie, A. J., & Leech, N. L. (2007). Validity and qualitative research: An oxy- moron? *Quality G Quantity: International Journal of Methodology, 41*, 233-249. doi: 10.1007/s11135-006-9000-3

Polit, D. F., & Beck, C. T. (2017). *Nursing research: Generating and assessing evidence for nursing practice* (10th ed.). Philadelphia, PA: Wolters Kluwer.

Sandelowski, M., & Barroso, J. (2002a). Finding the findings in qualitative studies. *Journal of Nursing Scholarship, 34*, 213-219. doi: 10.1111/j.1547-5069.2002.00213.x

Sandelowski, M., & Barroso, J. (2002b). Reading qualitative studies. *International Journal of Qualitative Methods*, *1*, 74-108. Retrieved from https://ejournals. library.ualberta.ca/ index.php/IJQM/article/download/4615/3764

Thorne, S. (2009). The role of qualitative research within an evidence-based context: Can meta-synthesis be the answer? *International Journal of Nursing Studies*, *46*, 569-575. doi: 10.1016/j.ijnurstu.2008.05.001

Thorne, S. (2017). Metasynthetic madness: What kind of monster have we created? *Qualitative Health Research*, *27*, 3-12. doi: 10.1177/1049732316679370

Thorne, S., Jensen, L., Kearney, M., Noblit, G., & Sandelowski, M. (2004). Qualitative meta-synthesis: Reflections on methodological orientation and ideological agenda. *Qualitative Health Research*, *14*, 1342-1365. doi: 10.1177/1049732304269888

Walker, L. E. A. (2017). *The battered woman syndrome* (4th ed.). New York, NY: Springer.

연구 결과 작성

제5장

연구 결과 작성

데보라 핀프겔드 – 코넷(Deborah Finfgeld–Connett)

    5장에서는 이론-생성 메타합성 연구 보고서를 작성하는 데 유용한 팁을 논의하고자 한다. 연구 보고서의 각 섹션에 반영해야 할 구체적인 요소들을 설명하고, 발생할 수 있는 문제점과 이를 예방하기 위한 방안도 함께 다룬다.

연구 보고서 양식

    일부 연구자들은 1차 질적 연구 보고서를 출판할 때 표준 보고 형식(standard reporting format)에서 벗어나기도 한다. 이로 인해 보고서의 주요 정보가 잘못 배치되거나 불명확(obfuscation)해지고, 때로는 누락되기도 한다. 이 같은 문제는 이론-생성 메타합성 연구에서도 동일하게 발생한다. 이러한 문제를 방지하기 위해 학자들은 질적 체계적 문헌고찰(qualitative systematic review)을 작성하기 위한 보고 가이드라인(reporting guidelines)[1]을 개발했다(e.g., France et al., 2017; Tong, Flemming, McInnes, Oliver, & Craig,

---

1   역자주: 보고 가이드라인(reporting guidelines)은 연구 결과의 명확성, 완전성, 재현성을 높이기 위해 연구자가 따라야 하는 표준화된 권장 사항 및 체크리스트를 의미한다. 이는 연구 보고서 작성 시 필수적인 정보를 체계적으로 포함하여 연구의 품질을 보장하는 역할을 한다. 연구 과정의 투명성과 연구 결과의 신뢰성을 높이기 위해 사용되며, 연구자가 연구 설계를 설명하고 결과를 명확하게 보고하도록 하여 다른 연구자가 해당 연구를 검증하거나 재현할 수 있도록 한다.

2012; Wong, Greenhalgh, Westhorp, Buckingham, & Pawson, 2013). 그러나 이론-생성 메타합성 연구와 직접적으로 관련된 구체적인 지침은 아직 존재하지 않는다.

이 장에서 제시하는 이론-생성 연구 보고서 작성 팁은 연구를 안내하기 위한 것이 아니며, 사후에 연구를 미화하는 데 사용되어서는 안 된다. 오히려 이러한 팁들은 이론-생성 메타합성 연구를 명확하고 정확하게 보고하기 위한 수단으로 활용되어야 한다. 이 팁들을 사용하는 과정은 저널 심사자, 편집자, 독자들이 이론-생성 메타합성 연구에 요구되는 엄격성을 인식하는 데 매우 중요한 역할을 한다. 또한, 연구 결과의 타당성과 유용성을 평가하고 정보에 기반한 결정을 내리는 데 있어서도 중요한 기준이 된다.

일반적으로 이론-생성 메타합성을 수행하는 연구자는 동료 심사(peer-reviewed) 연구 논문의 표준 보고 형식을 사용하는 것이 좋다. 이 표준 보고 형식은 학문 전반에서 통용되는 다음과 같은 섹션으로 이루어져 있으며, 각 구성 요소의 내용은 특정 저널의 가이드라인(예: American Psychological Association, 2010)에 따라 조정될 수 있다.

1. 제목
2. 초록
3. 서론
4. 연구 방법
5. 연구 결과
6. 논의
7. 참고 문헌 목록
8. 표
9. 그림

각 섹션의 내용은 이론-생성 메타합성 연구 보고서와 관련하여 논의되며, 주요 내용은 표 5.1과 같이 요약할 수 있다.

표 5.1 연구 보고서 섹션, 구성 요소 및 피해야 할 사항

섹션	구성 요소	피해야 할 사항
제목	• 주제 및 주요 맥락적 속성 • 방법론	• 불필요한 단어 • 불투명한 언어
초록	• 연구 주제, 목적, 방법, 결과, 시사점, 결론에 대한 간결하고 명확한 개요	• 불투명한 언어 • 배경 정보에 대한 과도한 강조
서론	• 연구 주제, 연구 문제 및 중요성, 목적, 질문에 대한 설명	• 연구를 무작위 자료 탐색(fishing expedition)으로 간주하는 것 • 표본을 구성하는 기존 질적 연구에 대한 장황한 설명

연구 방법	• 방법론적 틀의 개요
	• 데이터 수집 및 표집 방법
	  - 문헌 검색에 사용된 전략(예: 데이터베이스, 주요 용어, MeSH 용어, 출판물의 검색 기준 날짜(cutoff date)
	  - 연구 보고서 선택에 사용된 포함 및 제외 기준(Inclusion and exclusion criteria)
	• 데이터 분석 방법(예: 코딩, 범주화, 메모 작성, 도표 작성)
	• 타당성을 확보하기 위해 사용된 방법(예: 성찰, 연구자 다각화)
		• 이론적 표집 과정을 모호하게 하는 데이터 수집 템플릿
		• 이론(단순히 고립된 개념이 아닌)이 어떻게 생성되고 검증되었는지를 명확하게 설명하지 못하는 데이터 분석 과정
		• 표본 특성(예: 목적, 방법 등)만을 제시

연구 결과	• 표본 특성(예: 목적, 방법 등) • 이론 제시 • 이론 내용을 시각적으로 나타낸 그림	• 전체적인 이론을 제시하지 않고 고립된 개념만을 나열 • 연구 결과를 뒷받침하거나 강화하기 위해 연구 주제와 관련된 다른 연구나 외부 참고문헌 사용 • 합성된 이론을 뒷받침하기 위해 1차 연구 보고서의 인용을 사용
논의	• 배경 정보와 관련된 연구 결과 논의 • 연구의 강점과 한계 • 후속 연구에 대한 아이디어 • 연구 결과의 실용적 유용성 • 확장된 지식 기반에 대한 결론	• 연구 결과의 반복적 제시 • 연구 결과를 확장하거나 강화하기 위한 참고문헌 사용 • 연구 결과의 중요성이나 실용적 유용성 과장

참고 문헌 목록	• 원고(manuscript)에서 인용된 모든 참고문헌. 이론-생성 메타합성 연구 원고에서는 인용되지 않았지만, 이론-생성 메타합성 연구의 표본을 구성하는 1차 보고서의 참고문헌 목록 작성은 글쓰기 매뉴얼 및/또는 학술지 지침을 참조	
표	(예시) • 문헌 검색 전략 • 1차 연구 보고서의 특성 • 데이터 코딩/범주화 구조 및 메모 작성의 예시	• 원자료 내용(즉, 1차 연구 보고서의 질적 연구 결과)을 길게 나열한 표
그림	• 이론적 요소와 요소들 간의 역동적인 상호 연결성을 정밀하게 나타낸 삽화	• 지정된 템플릿의 사용

제목 및 초록

제목

이론-생성 메타합성 보고서의 제목(title)은 성별, 문화, 지리적 위치 등과 같은 연구의 주요 맥락적 요소와 함께 주제를 명확하게 나타내야 한다. 또한 저자는 독자들이 연구가 수행된 유형을 알 수 있도록 방법론(methodology)을 제목에 포함해야 한다.

제목은 간결하게 작성해야 하며 '~ 연구 결과에서', '~의 보고서'와 같은 불필요한 단어는 배제해야 한다. 또한 제목은 전문적이어야 하며 눈길을 끌기 위한 문구, 은유, 대중문화에 대한 언급은 피하는 것이 좋다. 창의적인 제목은 관심을 불러일으킬 수는 있지만, 이는 학술 검색 엔진(예: MedLine)과 비학술적인 검색 엔진(예: Google)에서 키워드로 논문 검색을 어렵게 할 수 있다. 또한 독자가 해당 논문의 관심 여부를 빠르게 판단할 수 있도록 제목의 명확성을 유지하는 것도 중요하다(Flanagan, 2017).

초록

보고서 제목과 마찬가지로, 이론-생성 메타합성을 쉽게 파악하고 독자가 주제를 명확하게 이해할 수 있도록 간결한 초록(abstract)이 필요하다. 초록은 연구 주제, 목적, 방법, 결과, 시사점, 결론에 대해 간결하면서도 명확한 개요를 제공해야 한다(Flanagan, 2017). 보고서 지면은 제한되어 있으므로, 저자는 배경 정보에 초점을 맞추기보다는 연구 결과에서 얻은 새로운 통찰에 중점을 두어야 한다.

서론

보고서의 서론에는 연구 주제와 문제에 대한 명확한 설명과 함께 그 중요성을 서술해야 한다. 이론-생성 메타합성 연구가 단순한 탐색적 연구로 보이지 않도록, 연구 목적과 질문을 명확하게 제시할 필요가 있다. 이는 해당 이론-생성 메타합성 연구가 단순히 주제를 탐구하고, 이해하고, 설명하는 것을 넘어 어떻게 발전될 것인지 분명하게 명시해야 한다. 또한, 독자가 어떤 이론적 간극(theoretical gap)이 메워졌는지 이해할 수 있도록 연구 목적과 질문을 명확히 밝혀야 한다(Finfgeld-Connett, 2014). 이론-생성 메타합성 연구의 목적이 1차 질적 연구 결과를 종합하는 것이므로, 연구자는 메타합성 표본을 구성하는 질적 연구들에 대한 장황한 설명은 생략하는 것이 좋다.

연구 방법

질적 메타합성(qualitative meta-synthesis) 방법은 비교적 새로운 연구 방법이며, 그중에서도 이론-생성 메타합성 방법은 특히 더 최근에 등장한 연구 방법이다. 따라서 연구 설계와 방법을 명확하게 기술하고, 관련된 참고문헌을 반드시 인용해야 한다.

데이터 수집

투명성을 보장하기 위해 문헌 검색 전략을 충분히 설명해야 한다. 문헌 검색에 사용된 데이터베이스와 주제별 키워드 및 MeSH 용어를 명확히 제시해야 한다. 이론-생성 메타합성에서 맥락(context)은 중요한 요소이므로 연령, 성별, 인종, 민족, 지리적 위치, 진단 분류(diagnostic classification) 등과 관련된 포함 및 제외 기준을 연구 목적과 연구 질문에 근거하여 명확하게 밝히고, 그 기준의 타당성을 설명해야 한다. 또한 회색 문헌 (grey literature)을 포함하거나 제외하는 데 사용된 기준과 함께 언어 필터 (language filter)도 명시해야 한다(Toews et al., 2017).

검색 기준 날짜(cutoff date)는 명확히 제시해야 하며, 특히 이전 연구 결과가 더 이상 관련성이 없는 경우에는 그 기준 날짜를 더욱 분명히 명시해야 한다. 예를 들어, C형 간염 관련 이론-생성 메타합성에는 C형 간염 치료의 발전으로 인해 이 주제와 관련된 최신 문헌만을 포함하는 것이 적절하다.

일부 학술지는 저자가 그림 5.1과 같은 템플릿을 사용하여 체계적인 문헌고찰을 위한 데이터 수집 과정을 도식화할 것을 요구하거나 적극 권장하고 있다(Moher, Liberati, Tetzlaff, Altman, & The PRISMA Group, 2009). 템플릿을 사용한 선형 흐름도(linear flow diagrams) 유형은 데이터 수집 과정이 단순한 경우에는 적합하지만, 이론적 표집과 함께 사용되는 복잡한 표집 전략을 혼란스럽게 만들 수 있다. 따라서 이론-생성 메타합성 연구자는 데이터 수집 전략을 미리 정해진 형식의 템플릿(preformatted template)에 억지로 맞추지 않도록 주의해야 한다(Thorne, 2017).

데이터 추출 및 분석

연구 보고서에서 결과를 식별하고 추출하는 데 사용된 방법은 명확해야 하며, 데이터 분석 전략도 충분히 설명해야 한다. 특히 중요한 것은 코딩 및 범주화 전략을 설명하는 것을 넘어서, 이론을 개발하기 위해 메모와 도표 작성이 어떻게 수행되었는지를 상세히 설명하는 것이다.

연구 결과의 신뢰성을 높이기 위해서는 데이터 수집 및 분석 과정에서 사용된 전략, 예를 들어 성찰(reflexivity)과 연구자 다각화(researcher triangulation) 같은 타당성을 확보하기 위한 전략을 설명하는 것이 중요하다. 특히, 연구자 다각화의 경우 편향된 결과를 초래할 수 있는 위계적이거나 조립적인 방식(hierarchical or assembly-line manner)이 아닌, 여러 연구자가 동시에 협력하여 연구를 수행한 방식을 명확하게 기술해야 한다.

연구 결과

메타합성 결과는 연구 결과 부분에 표본의 특성과 질적 메타합성으로 생성된 이론(resultant theory)에 대한 충분한 설명을 제시해야 한다. 데이터 분석 과정에서 작성된 도표를 바탕으로, 연구자는 정교하게 다듬어진 그림을 삽입하는 것이 좋다.

연구 결과는 그 자체로 충분히 설명되어야 하며, 결과를 뒷받침하거나 강화하기 위해 문헌에서 인용한 참고문헌을 사용해서는 안 된다. 또한, 메타합성 연구 결과를 강화하기 위해 1차 연구 보고서에서 도출된 개별 연구 결과를 사용하는 것도 피해야 한다. 왜냐하면, 합성되지 않은 원자료는 일반적으로 여러 연구를 종합하여 완전히 합성된 결과를 입증하기에 충분하지 않기 때문이다. 연구자가 이러한 방식으로 1차 연구 결과를 사용하려고 할 때, 자신의 메타합성 결과가 충분히 합성되었는지 혹은 메타합성 결과를 너무 성급하게 보고하는 것은 아닌지 신중하게 판단해야 한다.

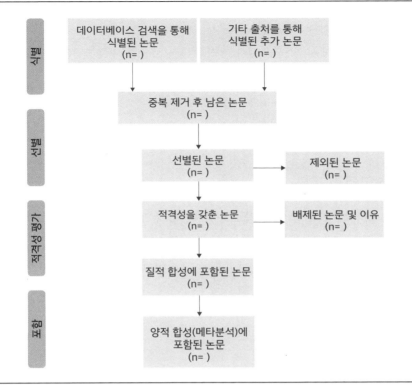

그림 5.1 PRISMA 2009 흐름도

논의

　논의 부분에서는 연구 결과를 서론에서 제시한 배경 정보와 연결해야 하며, 연구자는 기존에 알려진 내용과 도출된 이론적 틀을 비교하고 대조해야 한다. 또한, 연구의 강점과 한계를 명확하게 설명하고 이러한 특성을 바탕으로 추가 연구에 대한 아이디어를 논의해야 한다. 연구자는 연구 결과의 실용적인 측면도 고려하여, 이를 실무 현장에 어떻게 적용할 수 있을지에 대한 방안을 제시하는 것도 필요하다. 예를 들어, 연구자는 도출된 이론이 문제를 이해하거나 의사 결정에 어떻게 도움이 될 수 있는지 설명할 수 있어야 한다. 마지막으로, 연구 결과가 지식 발전에 어떻게 기여하는지를 논의의 결론에서 다루어야 한다.

논의 부분에서는 연구 결과를 반복해서 서술하지 않는 것이 중요하다. 또한, 문헌에 근거하여 결과를 부풀리지(bolster) 않도록 주의해야 한다. 연구 결과의 전반적인 중요성과 실용적 유용성을 과장해서는 안 되며, 새로운 이론적 요소를 추가해서도 안 된다.

참고문헌 목록

보고서에 인용된 모든 참고문헌은 참고문헌 목록(reference list)에 수록해야 한다. 간혹 이론-생성 메타합성 연구의 표본을 구성하는 모든 보고서가 원고(manuscript)에 인용되지 않는 경우도 있다. 이 경우, 글쓰기 매뉴얼이나 학술지 지침을 참조하여 해당 참고문헌을 나열하는 데 적합한 형식(format)과 플랫폼(예: 온라인 보완 파일)을 결정해야 한다.

표

표는 정보를 한눈에 제공하는 데 유용하다. 예를 들어, 문헌 검색 전략 및 1차 연구 보고서의 특성, 데이터 코딩, 범주화, 메모 작성의 예시를 명확하게 보여주는 데 효과적이다. 반면, 독자에게 의미가 거의 없는 길게 나열된 원자료 표(즉, 1차 질적 연구 결과)는 넣지 않는 것이 좋다.

유의할 점은, 일부 출판사와 연구비 지원 기관에서는 연구자에게 연구 보고서에 원자료(raw data) 표를 넣도록 요구하거나 심지어 이를 의무화하려고 한다는 것이다(Carpenter, 2017; Crotty, 2014; Taichman et al., 2017). 그러나 메타합성 연구에서 이러한 요구는 여러 가지 이유로 부적절할 수 있다. 첫째, 인용된 연구 결과가 연구 보고서에 포함되면 텍스트 인식 일치 점수(text recognition matching score)가 허용 가능한 수준을 넘어 과도하게 높아져 출판 과정에 문제가 발생할 수 있다(예: iThenticate™2). 둘째, 메타합성 연구에 필요한 데이터는 공유 저작물(public domain)이지만, 학술 출판물 양식 안내서(style guideline)는 일반적으로 메타합성 연구 표본을 구성하는 모든 참고문헌의 전체 목록을 수록하도록 규정하고 있다(예: American Psychological Association, 2010). 셋째, 이론-생성 메타합성 연구의 목적이 특정 맥락에 적합한 이론을 도출한다는 점을 고려할 때, 연구자는 다른 연구자가 특정 연구 질문에 답하기 위해 추출한 데이터를 활용하기보다는 연구 보고서를 독립적으로 검색하고 1차 연구물(primary sources)에서 원자료를 수집하는 것이 중요하다.

그림

이론-생성 메타합성 연구의 주요 목적은 과정 이론(process theory)을 개발하는 것이므로, 메타합성으로 생성된 이론을 명확하게 설명하기 위해 맞춤형 그림을 적극적으로 활용해야 한다. 정교하게 조정된 그림은 복잡한 이론적 구성 요소들 간의 관계를 시각적으로 표현하여, 독자가 연구 결과를 한눈에 직관적으로 이해할 수 있도록 돕는다. 그리고 연구자는 기존에 지정된 템플릿 사용을 피하는 것이 좋다. 이미 지정된 템플릿은 이론의 특정 구성 요소와 그 역동적인 관계를 충분히 묘사하기에 적합하지 않기 때문이다.

학습 활동

이 장에서 제시된 이론-생성 연구 보고서 작성 팁을 바탕으로 부록 2, 3, 4에 제시된 논문 중 하나를 비평해 보시오.

---

2 역자주: iThenticate™는 학술 및 출판 업계에서 연구 윤리를 지키고 출판된 자료의 신뢰성을 높이기 위해 사용하는 텍스트 유사도 검사 소프트웨어로 연구 논문, 보고서, 서적, 기사 등 다양한 학술 자료에서 표절을 탐지하기 위해 사용된다. 논문의 텍스트 인식 일치 점수(text recognition matching score) 즉, 유사도 점수를 제공하여 원고가 기존 자료와 얼마나 유사한지 보여주며, 이를 통해 연구자가 다른 자료를 인용할 때 적절한 인용이 이루어졌는지 확인하고 의도치 않은 표절을 방지할 수 있다.

참고문헌

American Psychological Association. (2010). *Publication manual* (6th ed.). Washington, DC: Author.

Carpenter, T. A. (2017, April 11). What constitutes peer review of data? A survey of peer review guidelines. *The Scholarly Kitchen*. Retrieved from https://scholarlykitchen. sspnet.org/2017/04/11/what-constitutes-peer-review-research-data/

Crotty, D. (2014, March 4). PLOS' bold data policy. *The Scholarly Kitchen*. Retrieved from https://scholarlykitchen.sspnet.org/2014/03/04/plos-bold-data-policy/

Finfgeld-Connett, D. (2014). Meta-synthesis findings: Potential versus reality. *Qualitative Health Research, 24*, 1581-1591. doi: 10.1177/1049732314548878

Flanagan, J. (2017). Titles and abstracts: Brevity is important. *International Journal of Nursing Knowledge, 28*, 63. doi: 10.1111/2047-3095.12174

France, E. F., Ring, N., Cunningham, M., Uny, I., Duncan, E., Roberts, R., ··· Noyes, J. (2017). *Introducing new meta-ethnography reporting guidance*. Retrieved from www. youtube.com/watch?v=58zv3PTttok&feature=player_embedded

Moher, D., Liberati, A., Tetzlaff, J., Altman, D. G., & The PRISMA Group. (2009). Pre- ferred reporting items for systematic reviews and meta-analyses: The PRISMA state- ment. *PLoS Med, 6*(7), e1000097. Retrieved from http://prisma-statement.org/ documents/PRISMA%202009%20flow%20diagram.doc

Taichman, D. B., Sahni, P., Pinborg, A., Peiperl, L., Laine, C., James, A., ··· Backus, J. (2017). Data sharing statements for clinical trials: A requirement of the International Committee of Medical Journal Editors. *New England Journal of Medicine, 376*(23), 2277-2279. doi: 10.1056/NEJMe1705439

Thorne, S. (2017). Metasynthetic madness: What kind of monster have we created? *Qualitative Health Research, 27*, 3-12. doi: 10.1177/1049732316679370

Toews, I., Booth, A., Berg, R. C., Lewin, S., Glenton, C., Munthe-Kaas, H. M., ··· Meerpohl, J. J. (2017). Dissemination bias in qualitative research: Conceptual con- siderations. *Journal of Clinical Epidemiology*. Advance online publication. doi: 10.1016/j. jclinepi.2017.04.010

Tong, A., Flemming, K., McInnes, E., Oliver, S., & Craig, J. (2012). Enhancing transparency in reporting the synthesis of qualitative research: ENTREQ. *BMC Medical Research Methodology, 12,* 181. doi: 10.1186/1471-2288-12-181

Wong, G., Greenhalgh, T., Westhorp, G., Buckingham, J., & Pawson, R. (2013). RAMESES publication standards: Realist syntheses. *Journal of Advanced Nursing, 69,* 1005-1022. doi: 10.1111/jan.12095

제
6
장

미래 전망

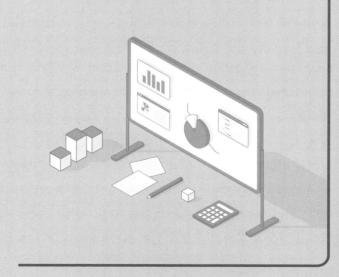

제6장

미래 전망

데보라 핀프겔드 – 코넷(Deborah Finfgeld–Connett)

6장에서는 메타합성을 통해 생성된 이론(meta-synthesis-generated theory)의 활용과 이론이 실제 적용에 적합한지 평가하기 위한 기준을 살펴본다. 또한, 메타합성을 통해 생성된 이론의 연구 결과를 비교·대조하고, 이론을 업데이트해야 하는 경우와 그 근거에 대해 논의한다.

메타합성을 통해 생성된 이론의 활용

1차 질적 연구의 결과는 특정한 환경에서 도출된 결과로, 다른 상황이나 환경에 그대로 적용하기 어려워 때로는 실용적이지 않게 여겨질 수 있다. 이는 1차 질적 연구 결과들이 처음부터 다른 환경으로의 전이(transference)를 염두에 두지 않고 생성되며, 이론적 배경과 맥락을 충분히 반영하지 않기 때문이다. 반면, 이론-생성 메타합성 연구는 특정 맥락에 맞게(context-specific) 도출된 1차 질적 연구 결과를 종합하여, 이를 다양한 상황에 적용 가능한 보편적 과정 이론(process theories)으로 발전시킴으로써 이러한 이론적 간극(gap)을 메운다. 메타합성을 통해 생성된 이론은 이해와 문제 해결 능력을 향상시키고 긍정적인 변화를 촉진하는 데 중요한 역할을 한다. 이러한 이론이 없다면, 변화를 위한 노력은 충분한 정보에 기반하지 않아 효과를 발휘하지 못할 위험이 있다(Finfgeld-Connett, 2016b).

변화를 시도하는 과정에서 잘못된 접근은 특히, 이론에서 크게 벗어나 경험에 근거한 실무 지침(empirically grounded practice guidelines)에 대한 관심이 증가하고 있는 분야에서 더욱 우려된다(Karnick, 2016). 보건의료 분야에서는 진단 과정과 치료 방법을 안내하는 데 알고리즘 기반의 의사결정 나무(algorithmic decision trees)[1]와 단계별 프로토콜(step-by-step protocol)을 점점 더 많이 사용하고 있다. 이러한 정형화된 지침은 편리하다는 장점은 있지만, 이론적 맥락을 충분히 고려하지 않아 환자 치료에 있어 충분한 정보에 기반한 결정을 내리기 어렵게 만들 수 있다. 예를 들어, 표준화된 지침(예: 친밀한 파트너 폭력 및 여성 성폭력에 대한 임상 정책 지침[세계보건기구, 2013])이 특정 문화 집단의 개인에게 적용될 경우, 이 지침은 개인의 특수한 요구를 반영하도록 설계되지 않았다는 한계가 있다(Thorne & Sawatzky, 2014; Thorne, 2016). 이와 같은 상황에서 부록 3과 4에 수록된 메타합성 연구로부터 생성된 이론들이 맥락에 기반한 통찰을 제공함으로써 이론적 간극을 메울 수 있다.

메타합성 생성 이론과 실무 지침

근거 기반 실무 지침(evidence-based practice guideline)은 의사결정 및 실행을 위한 일반화된 전략을 제공하지만, 이러한 지침이 변경 불가능한 규칙을 의미하는 것은 아니다. 실무 지침은 복잡하고 예기치 못한 상황에 맞게 조정되어야 하며, 이를 통해 개별화된 치료를 효율적이고 효과적으로 제공할 수 있다(Hoesing, 2016; Weiringa, Engebretsen, Heggen, & Greenhalgh, 2017). 성찰(reflection) 또는 논리적 추론과 같은 비판적 사고 기술(critical thinking skill)은 실무자가 예상치 못한 상황을 분석하는 데 확실히 도움을

---

1 역자주: 알고리즘 기반의 의사결정 나무(algorithmic decision trees)는 데이터를 분석해 의사결정 문제를 해결하는 데 사용하는 도구로, 의료 분야에서는 환자의 증상과 검사 결과를 기반으로 질병 가능성을 평가하고 추가 검사를 추천하거나 진단을 제안하는 데 활용된다. 이 방법은 데이터를 체계적으로 분석해 환자의 상태를 평가하는 데 도움을 준다.

줄 수 있다. 그러나 맥락에 기반한 메타합성을 통해 생성된 이론은 문제 해결을 위한 틀을 제공하여 의사결정을 더욱 효과적으로 최적화할 수 있는 가능성을 가진다(Finfgeld-Connett, 2016b).

메타합성을 통해 생성된 이론은 다양한 지식 형태(예: 경험적, 미학적, 개인적, 윤리적[Carper, 1978])에 기반한 맥락별 정보를 반영하여 개별화된 의사결정을 가능하게 한다. 예를 들어, 북미 원주민의 친밀한 파트너 폭력과 그 해결에 관한 메타합성 이론에 따르면, 서비스 제공자는 부족의 리더십 관행(leadership customs)[2]과 비폭력 규범과 같은 문화적 강점을 신중하게 평가한 후 이를 선택적으로 활용하여 학대를 효과적으로 해결하는 것이 바람직하다. 또한 서비스 제공자는 각각의 고유한 상황에 맞춰 해결 과정을 강화하거나 방해할 수 있는 잠재적인 요소들을 평가하고, 필요에 따라 의사결정 및 치료 과정을 조정해야 한다(부록 3 [Finfgeld-Connett, 2015b] 참조).

메타합성을 통해 생성된 이론의 실제 적용 가능성

이론-생성 메타합성 연구에서 일반화 가능성(즉, 전이 가능성)은 이론이 개발된 맥락을 벗어나 다른 상황에서도 이론을 활용하여 의사결정과 행동을 개선할 수 있는 가능성을 의미한다. 보건의료 서비스 제공자는 이러한 전이가 언제 이루어져야 하는지에 대해 종종 불확실함을 느낀다. 이는 부분적으로, 질적 연구에서 도출된 이론의 구성 요소들이 측정하기 어렵고 양적 연구 방법으로는 그 타당성을 쉽게 입증하기 힘들다는 점과 관련이 있다(Finfgeld-Connett, 2016a).

기존의 메타합성 생성 이론이 전이될 준비가 되었는지 평가하기 위해 양적 연구 방법을 사용하는 대신, 학자들은 해당 이론이 어떻게 개발되었

---

2 **역자주:** 부족의 리더십 관행(tribal leadership customs)은 특정 부족(예: 원주민 등) 내에서 지도력이 어떻게 발휘되는지를 규정하는 전통적 규범과 관행을 의미한다. 이러한 관습은 부족의 문화적 가치와 신념에 깊이 뿌리를 두고 있으며, 부족 사회의 조화와 공동체 유지에 중요한 역할을 한다.

는지 면밀히 검토해야 한다. 예를 들어, 다음과 같은 질문을 통해 이론을 생성하는 데 사용된 방법이 엄격했는지를 평가할 수 있다. 표본을 수집하는 과정에서 편향되지 않은 검색 및 선정 전략이 사용되었는가? 연구 전반에 걸쳐 원자료를 분석하고 종합하는 데 엄격한 방법이 적용되었는가? 데이터 분석 과정에서 타당성을 확보하기 위한 절차(예: 성찰, 다각화)가 충분히 이루어졌는가? 해당 이론이 1차 연구 보고서에서 도출된 결과에 충분히 기반하고 있는가? 이론의 구성 요소가 타당성 기준(즉, 포화 또는 적합성)을 충족하는가(표 6.1 참조)?

표 6.1 메타합성을 통해 생성된 이론의 전이 가능성: 평가 질문

구분	질문
타당성	• 표본을 구성하는 데 편향되지 않은 전략(즉, 문헌 검색 및 선정)이 사용되었는가? • 연구 전반에 걸쳐 원자료를 분석하고 합성하는 데 엄격한 방법이 사용되었는가? • 데이터 분석 과정 전반에 걸쳐 타당성을 확보하기 위한 절차(예: 성찰, 다각화)가 이루어졌는가? • 해당 이론이 1차 연구 보고서에서 도출된 결과에 충분히 기반하고 있는가? • 이론의 구성 요소가 타당성 기준(즉, 포화 또는 적합성)을 충족하는가?
이론	• 이론을 구성하는 개념과 역동적 관계가 충분히 설명되고, 논리적이며, 합리적인가? • 이론의 맥락적 요소들(인구, 환경, 문화, 연령대 등)이 명확하게 제시되었는가? • 이론이 응집력이 있는가? • 이론적 간극(gap)이 메워졌는가? • 이론이 간결하며 불필요하거나 부수적인 요소가 배제되었는가?

실무자는 또한 이론의 전반적인 완결성(integrity)을 평가해야 한다. 예를 들어, 이론을 구성하는 개념과 역동적 관계가 충분히 설명되고, 논리적이며, 합리적인가? 이론의 맥락적 요소들(인구, 환경, 문화, 연령대 등)이 명확하게 제시되었는가? 이론이 응집력(cohesive) 있으며, 이론적 간극(gap)이 충분히 메워졌는가? 마지막으로, 이론이 간결하며 불필요하거나 부수적인 요소들이 배제되었는가?

일단 이론이 전이 가능하다고 잠정적으로 판단되면, 연구자는 임상 전문가들과 긴밀하게 협력하여 이론을 기존의 임상 실무 지침(clinical practice guideline) 및 현장 상황과 면밀하게 비교·대조할 필요가 있다(Genat, 2009; Sandelowski, 2004). 이를 위해 연구자와 임상 전문가들이 협력하여 이론의 적용 가능성과 유용성을 체계적이고 지속적으로 계획하고, 실행하며, 관찰하고, 성찰하는 실행연구(action research)를 진행하는 것이 바람직하다(Cordeiro, Soares, & Rittenmeyer, 2017). 하지만 이 같은 이론의 신중한 평가 과정이 이루어진다고 해서 다른 방식의 검증이나 후속적인 이론 수정이 불필요하다는 뜻은 아니다. 질적 연구는 상황에 유연하게 적응할 수 있어야 하며, 특히 복잡하고 변화가 많은 임상 환경에서는 이론의 지속적인 평가와 조정이 필수적이다(Finfgeld-Connett, 2016a).

메타합성을 통해 생성된 이론들 간의 결과 비교 및 대조

맥락적으로 특화된 메타합성 생성 이론의 접근성과 유용성(usefulness)을 높이기 위해, 연구자는 주제와 관련된 여러 이론의 연구 결과를 체계적이고 엄격하게 비교해야 한다. 예를 들어, 친밀한 파트너 폭력 해결과 관련된 연구 결과는 북미 원주민(Finfgeld-Connett, 2015b), 고령 여성, 아프리카계 미국인, 멕시코계 미국인(Finfgeld-Connett, 2014, 2015a, 2017), 남아시아 이민자(Finfgeld-Connett & Johnson, 2013) 등 다양한 맥락적 특성을 지닌 그룹 간에 비교될 수 있다. 특히, 연구자는 각 그룹의 유사점과 차이점을 체계적으로 분석하여 각 그룹에 맞는 환자 관리 지침을 세밀하게 조정하는 것을 목표로 해야 한다.

메타합성 생성 이론 업데이트

메타합성을 통해 생성된 이론은 1차 연구에서 주제와 관련된 새로운 연구 결과가 도출되면 변경될 수 있다. 기존 이론을 중복 검증하는 것은 이론-생성 메타합성 연구의 목적이 아니다. 따라서 후속 연구를 계획할 때, 연구 목적과 연구 질문은 수정된 결과 또는 새로운 연구 결과가 기존의 결과를 어떻게 보완하거나 대체할 것으로 예상되는지 명확하게 반영해야 한다. 특히, 새로운 맥락에서 수행하는 이론-생성 메타합성 연구는 기존 결과를 보완하거나 대체하는 연구와는 다르다. 새로운 맥락과 관련된 이론-생성 메타합성 연구를 수행해야 하는 경우, 연구자는 완전히 새로운 연구를 진행하는 것이 바람직하다. 예를 들어, 새로운 맥락에는 상황별 시간대, 지리적 환경, 연령대 등이 포함될 수 있다.

기존 이론을 업데이트하거나 확장할 때, 타당성을 확보하는 데 필요한 연구 보고서의 수는 처음부터 정확히 알 수 없다. 이전 연구에서 확보된 데이터와 합성할 수 있는 경우에는 몇 가지 핵심적인 연구 결과만으로도 충분할 수 있다. 반면에 기존 데이터가 전혀 없는 경우에는 더 풍부한 1차 연구 보고서가 필요할 것이다.

그림은 이론이 업데이트될 때 수정되는 경우가 많으며, 저작권이 있는 도표(copyrighted diagram)의 변경 규정은 출판사마다 다르다. 따라서 저자는 기존의 그림을 수정하여 출판하고자 하는 경우 저작권자에게 확인하는 것이 좋다. 저작권 허가 여부와 관계없이, 출판 매뉴얼(예: American Psychological Association, 2010)을 참고하여 원본 출처가 적절하게 인용되었는지 확인해야 한다.

결론

1980년대 후반부터 다양한 메타합성 방법이 등장했으며, 각각의 방법은 지식 발전에 중요한 역할을 해 왔다. 예를 들어, 종합적 방법(aggregative method)은 지식 기반의 약점이나 공백을 발견하는 데 유용한 반면, 해석적 방법(interpretive method)은 현상에 대한 새로운 시각을 제공하는 데 도움이 된다(Britten, Garside, Pope, Frost, & Cooper, 2017). 이러한 다양한 메타합성 방법론의 완전성을 유지하기 위해서, 연구자는 각 방법론의 구체적인 목표와 방법을 충실히 따라야 한다. 무엇보다도 연구자는 각 방법론의 강점과 한계를 이해하고 연구에 적절하게 적용하는 것이 중요하다.

방법론적 완전성(methodological integrity)을 유지한다는 것은 특히, 창의적이고 합리적이며 타당한 데이터 수집 및 분석 방법을 소홀히 하면서까지 정형화된 절차(protocol)를 맹목적으로 따르는 것을 의미하지는 않는다(Thorne, 2017). 오히려 방법론적 완전성은 연구자가 특정 방법론을 선택한 이유를 명확하게(patently) 설명하고, 실제로 연구자가 활용한 대응 및 조정 전략들(prescribed and adapted strategies)을 신중하게 기록하여 공개하는 것(documenting)을 말한다(Britten et al., 2017). 이러한 신중한 문서화(careful documentation)는 독자가 연구 결과의 타당성과 유용성을 평가할 수 있도록 돕는다. 또한 연구자는 채택한 연구방법론을 명확히 설명함으로써 혼란을 방지하고 방법론적 퇴보를 막는 데 기여할 수 있다.

현재로서는 어떤 메타합성 방법이 시간이 지나도 유효할지 확실하지 않다. 현 시점에서는 학계, 정부, 기관의 연구 우선순위와 연구비 지원 가능성이 방법론적 선호도에 영향을 미칠 것으로 보인다. 그러나 이러한 외부 요인 외에도, 단순한 기술적 적용을 넘어 설명과 이론 개발을 중시하는 접근이 더욱 요구될 것이다(Britten et al., 2017; Thorne, 2017). 이를 위해, 이 책에서 설명하는 이론-생성 메타합성 방법론을 적극적으로 활용할 것을 제안한다.

학습 활동

1. 부록 3 또는 4에 제시된 메타합성 생성 이론 중 하나를 바탕으로, 친밀한 파트너 폭력 관리를 위한 세계보건기구(WHO) 지침(http://apps.who.int/iris/bitstream/10665/85240/1/9789241548595_eng.pdf) 내용을 상황별로 정리해 보시오.

2. 부록 2, 3, 4에 제시된 메타합성 생성 이론 중 하나를 선택하여, 표 6.1에 제시된 기준에 따라 해당 이론의 전이 가능성을 평가하시오.

3. 부록 2, 3, 4에 제시된 메타합성 생성 이론을 업데이트해야 하는 상황과 새로운 이론을 개발해야 하는 상황을 각각 구분하여 내용을 정리해 보시오.

참고문헌

American Psychological Association. (2010). *Publication manual* (6th ed.). Washington, DC: Author.

Britten, N., Garside, R., Pope, C., Frost, J., & Cooper, C. (2017). Asking more of qualita- tive synthesis: A response to Sally Thorne. *Qualitative Health Research*. Advance online publication. doi: 10.1177/1049732317709010

Carper, B. A. (1978). Fundamental patterns of knowing in nursing. *Advances in Nursing Science, 1*(1), 13-24. doi: 10.1097/00012272-197810000-00004

Cordeiro, L., Soares, C. B., & Rittenmeyer, L. (2017). Unscrambling method and meth- odology in action research traditions: Theoretical conceptualization of praxis and emancipation. *Qualitative Research, 17*, 395-407. doi: 10.1177/1468794116674771

Finfgeld-Connett, D. (2014). Intimate partner abuse among older women: Qualitative systematic review. *Clinical Nursing Research, 23*, 664-683. doi:10.1177/1054773813500301

Finfgeld-Connett, D. (2015a). Intimate partner violence and its resolution among African American women. *Global Qualitative Nursing Research, 2*, 1-8. Retrieved from http://journals.sagepub.com/doi/pdf/10.1177/2333393614565182

Finfgeld-Connett, D. (2015b). Qualitative systematic review of intimate partner violence among Native Americans. *Issues in Mental Health Nursing, 36*, 754-760. doi: 10.3109/ 01612840.2015.1047072

Finfgeld-Connett, D. (2016a). The future of theory-generating meta-synthesis research. *Qualitative Health Research, 26*, 291-293. doi: 10.1177/1049732315616628

Finfgeld-Connett, D. (2016b, May). *Use of meta-synthesis research to generate theory for practice*. Paper presented at 12th Annual Congress of Qualitative Inquiry, Champaign, IL.

Finfgeld-Connett, D. (2017). Intimate partner violence and its resolution among Mexican Americans. *Issues in Mental Health Nursing, 38*, 464-472. doi: 10.1080/01612840. 2017.1284968

Finfgeld-Connett, D., & Johnson, E. D. (2013). Abused South Asian women in westernized countries and their experiences seeking help. *Issues in Mental Health Nursing*, *34*, 863-873. doi: 10.3109/01612840.2013.833318

Genat, B. (2009). Building emergent situated knowledges in participatory action research. *Action Research*, *7*, 101-115. doi: 10.1177/1476750308099600

Hoesing, H. (2016). Clinical practice guidelines: Closing the gap between theory and practice. *Joint Commission International*. Retrieved from www.elsevier.com/data/assets/pdf_file/0007/190177/JCI-Whitepaper_cpgs-closing-the-gap.pdf

Karnick, P. M. (2016). Evidence-based practice and nursing theory. *Nursing Science Quarterly*, *29*, 283-284. doi: 10.1177/0894318416661107

Sandelowski, M. (2004). Using qualitative research. *Qualitative Health Research*, *14*, 1366- 1386. doi: 10.1177/1049732304269672

Thorne, S. (2016). Research toward clinical wisdom. *Nursing Inquiry*, *23*, 97-98. doi: 10.1111/nin.12138

Thorne, S. (2017). Metasynthetic madness: What kind of monster have we created? *Qualitative Health Research*, *27*, 3-12. doi: 10.1177/1049732316679370

Thorne, S., & Sawatzky, R. (2014). Particularizing the general: Sustaining theoretical integrity in the context of an evidence-based practice agenda. *Advances in Nursing Science*, *37*, 5-18. doi: 10.1097/ANS.0000000000000011

Wieringa, S., Engebretsen, E., Heggen, K., & Greenhalgh, T. (2017). Has evidence-based medicine ever been modern? A Latour-inspired understanding of a changing EBM. *Journal of Evaluation in Clinical Practice*. Advance online publication. doi: 10.1111/ jep.12752

World Health Organization. (2013). *Responding to intimate partner violence and sexual violence against women: WHO clinical and policy guidelines*. Retrieved from http://apps.who.int/ iris/bitstream/10665/85240/1/9789241548595_eng.pdf

용어 사전

선행 연구 검색(ancestral searching): 포함 기준(inclusion criteria)을 충족할 수 있는 추가 보고서를 식별하기 위해 연구 표본에 포함된 연구 보고서의 참고문헌 목록의 검토

감사 추적(audit trail): 연구 결과의 출처를 명확히 보여주는 자료 수집 및 분석 과정 (예: 문헌 검색 전략, 보고서 선정 기준, 코딩, 범주화, 메모 작성, 도표 작성)의 투명한 문서화

편향(bias): 데이터 수집, 표집 및/또는 분석을 왜곡하여 연구 결과의 타당성을 위협하는 영향

1차 질적 연구 조사의 특성(characteristics of primary qualitative research investigations): 새로운 연구 결과를 이해하는 데 필요한 맥락을 제공하는 연구 목적, 연구 질문, 이론적 틀, 표본, 연구 방법과 같은 연구 속성

인용된 참고문헌 검색(cited reference searching): 주요 연구가 인용된 관련 연구 보고서를 시간순으로 탐색하는 과정

개념(concepts): 응집력 있고 명확하게 정의된 현상

자료(data): 출판된 질적 연구 결과

자료 분석(data analysis): 코딩, 범주화, 메모 작성, 도표 작성 과정을 기반으로 한 귀납적 이론 개발

자료 수집(data collection): 표집 기준을 충족하는 출판된 연구 보고서를 검색, 식별, 선택하는 과정으로, 이후 분석을 위해 관련 질적 연구 결과를 추출하는 과정

자료 추출(data extraction): 출판된 연구 보고서에서 질적 연구 결과(즉, 원자료)를 식별하고 이를 분석하기 위해 매트릭스 또는 질적 데이터 분석 소프트웨어에 입력하는 과정

도표(diagrams): 데이터 분석 과정 전반에 걸쳐서 개발된 개념과 개념 간의 관계를 설명하는 그림

적합성(fit): 연구 결과가 포화 상태가 아닌 경우에 가장 신뢰할 수 있는 설명(즉, 설득력 있는 논거)을 제공하는 타당성 기준

일반화 가능성(generalizability): 메타합성을 통해 생성된 이론이 생성된 맥락 밖에서 사고, 의사 결정, 행동을 이끄는 데 사용될 수 있는 외적 타당성 기준(즉, 전이 가능성)

메모(memos): 데이터 분석 과정 전반에 걸쳐 개발되는 설명 노트로, 새롭게 등장하는 개념과 개념 간의 관계를 설명하는 데 도움이 됨

메타합성(meta-synthesis): 1차 질적 연구 결과를 분석하는 다양한 유형의 연구를 광범위하게 포괄하는 용어

메타합성을 통해 생성된 이론(meta-synthesis-generated theory): 맥락적으로 관련이 있으면서도 일반화가 가능한 요소 또는 개념들 간의 과정으로 구성되는 관계 체계(process framework)로, 역동적 관계에 있는 개념으로 구성

동료 심사 논문(peer-reviewed articles): 학술적 이중 블라인드 심사(double-blind review)를 거쳐 전문 학술지에 게재된 보고서(report)

1차 질적 연구(primary qualitative research): 개인 인터뷰, 포커스 그룹, 참여 관찰, 일기 등에서 수집된 1차 질적 연구 자료를 질적 연구 방법을 사용하여 분석하는 연구

1차 질적 연구 결과(primary qualitative research findings): 이론-생성 메타합성 연구를 위해 원자료로 활용하는 1차 질적 연구물을 완전히 분석하여 얻게 되는 결과

과정 이론(process theory): 동적 관계에 있는 개념들로 구성된 이론적 틀(framework)

질적 연구 패러다임(qualitative research paradigm): 귀납적 방법을 사용하여 연구 결과를 도출하는 연구의 이론적 틀(theoretical framework)

참고문헌 데이터베이스(reference database): 참고문헌을 전자적으로 검색하고 인용할 수 있는 정보 저장소(예: ERIC, CINAHL, PubMed, Social Work Abstracts)

참고문헌 관리 소프트웨어(reference management software): 참고문헌 인용을 완전하게 저장, 정리, 검색하는 데 있어서 최소한으로 사용할 수 있는 컴퓨터 소프트웨어

(예: Endnote™, Zotero™)

성찰(reflexivity): 연구 결과가 편향되지 않도록 연구 과정 전반에 걸친 개인 인식의 지속적 평가

표본(sample): 이론-생성 메타합성 연구 수행을 지원하는 자료들로, 연구 포함 기준(inclusion criteria)을 충족하여 발행된 연구물들의 모음

포화(saturation): 반대되는 데이터가 나타날 가능성이 낮고, 연구 결과가 변경될 가능성이 낮음을 파악하는 데 활용되는 타당성 기준

검색 인터페이스(search interface): 두 개 이상의 참고문헌 데이터베이스를 동시에 검색하는 데 사용되는 전자 플랫폼(예: EBSCOhost, Ovid)

검색 전략(search strategy): 주요 용어, 저자 이름 등을 사용하여 전자 참고문헌 데이터베이스 또는 플랫폼을 검색하는 체계적인 방법

목차(TOC) 알림(table of contents alerts): 최근 발행된 학술지 호(issue)의 목차와 초기 온라인 출판물 목록을 포함하는 구독 기반 이메일 메시지(subscription-based email messages)

이론적 검색(theoretical searching): 새롭게 도출된 이론의 간극을 메우기 위해 연구 표본(study sample)에 포함할 연구 보고서를 검색하는 반복적 과정

이론적 표집(theoretical sampling): 새롭게 도출된 이론의 간극을 메우기 위해 연구 표본에 포함할 연구 보고서를 선택하는 반복적 과정

이론(theory): 추상적인 것에서부터 구체적인 것까지 우리가 살고 있는 세상을 이해하기 위한 틀

이론-생성 메타합성 연구(theory-generating meta-synthesis research): 여러 1차 질적 연구에서 도출된 질적 연구 결과를 엄밀하게 분석하고 종합하여 맥락에 적합하면서도 동시에 일반화 가능한 이론을 생성하는 연구

전이 가능성(transferability): 메타합성을 통해 생성된 이론이 그것이 생성된 맥락 밖

에서도 사고(thinking), 의사 결정, 행동을 이끄는 데 사용될 수 있는 외부 타당성 기준(즉, 일반화 가능성)

다각화(triangulation): 이론-생성 메타합성 연구 결과의 타당성을 높이는 여러 요인들의 융합(confluence): ① 여러 연구자가 다양한 연구 방법과 이론적 틀을 사용하여 수행한 1차 질적 연구 결과와 ② 이론-생성 메타합성 연구를 협력적으로 동시에 수행하는 연구팀

타당성(validity): 포화 또는 적합성을 기반으로 질적 연구 결과가 사실임을 확인

이론-생성 메타합성 연구의 예

부록 1

이론-생성 메타합성 연구의 예

Anbari, A. B. (2015). The RN to BSN transition: A qualitative systematic review. *Global Qualitative Nursing Research*, *2*, 1-11. Retrieved from http://journals.sagepub.com/doi/pdf/10.1177/2333393615614306

Finfgeld, D. L. (1999). Courage as a process of pushing beyond the struggle. *Qualitative Health Research*, *9*, 803-814. doi: 10.1177/104973299129122298

Finfgeld, D. L. (2000). Self-resolution of drug and alcohol problems: A synthesis of qualitative findings. *Journal of Addictions Nursing*, *12*, 65-72.

Finfgeld-Connett, D. (2009a). Management of aggression among demented or brain-injured patients. *Clinical Nursing Research*, *18*, 272-287. doi: 10.1177/1054773809337577

Finfgeld-Connett, D. (2009b). Model of therapeutic and non-therapeutic responses to patient aggression. *Issues in Mental Health Nursing*, *30*, 530-537. doi: 10.1080/01612840902722120

Finfgeld-Connett, D. (2010). Becoming homeless, being homeless, and resolving homelessness among women. *Issues in Mental Health Nursing*, *31*, 461-469. doi: 10.3109/01612840903586404

Finfgeld-Connett, D. (2014). Intimate partner abuse among older women: Qualitative systematic review. *Clinical Nursing Research*, *23*, 664-683. doi: 10.1177/1054773813500301

Finfgeld-Connett, D. (2015a). Intimate partner violence and its resolution among African American women. *Global Qualitative Nursing Research*, *2*, 1-8. Retrieved from http://journals.sagepub.com/doi/pdf/10.1177/2333393614565182

Finfgeld-Connett, D. (2015b). Qualitative systematic review of intimate partner violence among Native Americans. *Issues in Mental Health Nursing, 36*, 754-760. doi: 10.3109/01612840.2015.1047072

Finfgeld-Connett, D. (2017). Intimate partner violence and its resolution among Mexican Americans. *Issues in Mental Health Nursing, 38*, 464-472. doi: 10.1080/01612840.2017.1284968

Finfgeld-Connett, D., Bloom, T. L., & Johnson, E. D. (2012). Perceived competency and resolution of homelessness among women with substance abuse problems. *Qualitative Health Research, 22*, 416-427. doi: 10.1177/1049732311421493

Finfgeld-Connett, D., & Johnson, E. D. (2011a). Substance abuse treatment for women who are under correctional supervision in the community: A systematic review of qualitative findings. *Issues in Mental Health Nursing, 32*, 640-648. doi: 10.3109/01612840.2011.584363

Finfgeld-Connett, D., & Johnson, E. D. (2011b). Therapeutic substance abuse treatment for incarcerated women. *Clinical Nursing Research, 20*, 462-481. doi: 10.1177/1054773811415844

Finfgeld-Connett, D., & Johnson, E. D. (2013). Abused South Asian women in westernized countries and their experiences seeking help. *Issues in Mental Health Nursing, 34*, 863-873. doi: 10.3109/01612840.2013.833318

Snyder, B. L. (2016). Women's experience of being interviewed about abuse: A qualitative systematic review. *Journal of Psychiatric and Mental Health Nursing, 23*, 605-613. doi:10.1111/jpm.12353

약물 남용 문제를 겪는
여성의 노숙 문제 해결과
인지된 역량

부록 2

약물 남용 문제를 겪는 여성의
노숙 문제 해결과 인지된 역량

데보라 핀프겔드-코넷(Deborah Finfgeld-Connett),
티나 L. 블룸(Tina L. Bloom), E. 다이앤 존슨(E. Diane Johnson)^{주1}[주1]

일부 비교적 발전된 지역에서도 노숙 문제는 여전히 지속되고 있다. 캐나다의 노숙자 수는 약 15만 명에서 30만 명에 이를 것으로 추정되며(Intraspec.ca, 2010), 호주의 경우 약 10만 5천 명으로 추산된다(Australian Bureau of Statistics, 2008). 미국에서는 연간 약 1,593,150명이 노숙을 경험하는 것으로 파악되며, 그중 약 605,397명(38%)이 보호소에 거주하는 여성들이다(Substance Abuse and Mental Health Services Administration[SAMHSA], 2011). 여성이 노숙자가 되는 주요 원인으로는 일자리와 공적 지원 자금의 부족, 이에 수반되는 빈곤과 주택 압류의 증가가 있다. 이외에도 여성 노숙자 문제를 악화시키는 요인으로는 가정 폭력, 정신 질환, 약물 남용, 저렴한 치료 프로그램의 부족 등이 있다(Human Resources and Skills Development Canada [HRSDC], 2010; National Coalition for the Homeless [NCH], 2009).

알코올, 코카인, 헤로인과 같은 약물 남용이 관련된 경우, 여성 노숙자를 안정적인 주거지로 옮기는 것은 어려울 수 있다. 캐나다의 세 도시에 거주하는 여성 노숙자들을 대상으로 한 조사에 따르면, 82%(n=193)가 최소한 하나 이상의 약물 남용 장애를 가지고 있는 것으로 나타났다(Torchalla, Strehlau, Li, & Krausz, 2011). 미국에서는 약물 남용 치료 시설에 입소한 노숙자의 5분의 1이 여성으로, 이들 중 절반가량이 1~4회의 치료 경험이 있으며, 20%는 5회 이상의 치료 경험이 있는 것으로 보고되고 있다(SAMHSA, 2004). 이러한 재발률을 고려할 때, 약물 남용 문제가 있는 여성 노숙자를 위한 지원 프로그램을 체계적으로 조사하고 세부적으로 조정하려는 노력이 필요하다(O'Campo et al., 2009).

우리는 노숙을 지속하는 여성이 노숙에 이르는 과정, 노숙 생활, 노숙 문제를 해결하는 과정을 조사한 이전 연구를 바탕으로 이번 메타합성(meta-synthesis)을 수행했다(Finfgeld-Connett, 2010a). 이전 연구에 따르면, 노숙자가 되는 과정과 노숙 생활은 대인 관계에서의 학대, 방치, 혹은 유기와 같은 부적응적 경험과 깊은 관련이 있는 것으로 보인다. 이러한 경험은 가까운 사람들의 정신적 불안정이나 비도덕적 성향에 의해 더욱 악화될 수 있다. 또한, 빈곤과 불안정, 사회 서비스 시스템의 장벽도 맥락에 따라 영향을 미치는 요인들로 작용한다. 이러한 장벽은 단순히 이용 가능성과 접근성의 문제를 넘어서는 것으로 보인다. 특히, 사회 서비스 시스템에 대한 신뢰와 시스템의 전반적인 신뢰성과 관련된 무형의 장애물들(intangible impediments)이 중요한 역할을 한다는 점이 주목할 만하다.

동일한 메타합성 연구(Finfgeld-Connett, 2010a) 결과에 따르면, 지속적으로 노숙하는 여성으로 구성된 이질적인 집단에서 노숙 문제를 해결하는 과정이 순환적 단계로 이루어진다는 결론에 도달했다. 노숙을 지속적으로 하는 여성은 위기가 발생할 때 도움을 요청하는 경향이 있지만, 여전히 노숙에 취약한 상태이다. 지속적으로 노숙 상태에 있는 여성들은 안정적인 주거를 마련하기 전까지 사회복지 시스템(social service system)에 반복적으로 참여하고 이탈하는 경우가 많다. 이러한 순환적 과정은 노숙 문제 해결을 지연시키며, 이는 부분적으로 약물 남용 문제와도 관련이 있다(Burlingham, Andrasik, Larimer, Marlatt, & Spigner, 2010; Finfgeld-Connett, 2010a). 이번 연구의 구체적인 목적은 약물 남용 문제가 있는 성인 여성의 노숙 문제를 해결하는 순환적 과정에 대한 새로운 통찰을 제시하는 것이었다.

방법론

질적 메타 합성

본 연구는 핀프겔드-코넷(Finfgeld-Connett, 2009a, 2009b, 2010a)이 제시한 질적 메타합성 방법(qualitative meta-synthesis)을 사용하였다. 이 방법은 Noblit과 Hare(1988), Miles와 Huberman(1994) 연구와 Corbin과 Strauss(2008), Strauss와 Corbin(1990)의 근거이론 접근법(grounded theory approach)에서 영감을 받았다. 질적 메타합성은 데이터를 집계하거나 통계적으로 분석하는 양적 연구 방법을 사용하지 않으며, 원시 질적 데이터(raw qualitative data)의 2차 분석이나 메타 분석의 한 유형도 아니다. 질적 메타합성은 기존 연구 보고서의 질적 연구 결과를 체계적으로 수집하고, 이를 질적으로 분석하여 종합하는 방법론(methodology)이다(Finfgeld, 2003; Finfgeld-Connett, 2010b). 질적 메타합성은 기존 연구 보고서에서는 확인할 수 없는 질적 연구 결과에 대한 새로운 해석을 가능하게 한다(Thorne, Jensen, Kearney, Noblit, & Sandelowski, 2004). 메타합성 연구의 맥락에서 타당성은 재현 논리(logic of replication)에 의존하지 않고(Thorne et al.), 신뢰성(trustworthiness)에 기반한다(Lincoln & Guba, 1985). 신뢰성을 확립하는 방법 중 하나는 투명한 데이터 수집, 추출 및 분석 과정을 유지하는 것이다(Finfgeld). 이러한 반복적인 과정과 신뢰성을 높이는 방법은 다음 단락에서 설명한다.

표본

본 연구의 데이터베이스를 구성하는 보고서(N=60)와 이전 연구에서 활용된 보고서(N=45; Finfgeld-Connett, 2010a) 사이에는 일부 중복되는 부분이 있지만(n=23), 참고문헌 전문 사서(제3저자 E. Diane Johnson)의 도움으로 이번 연구에서는 포함 가능한 연구 보고서의 범위를 크게 확장할 수 있었다. 또한, 이전 연구와는 달리 이번 연구에서는 약물 남용 문제를 다루지 않은 연구 보고서는 제외하였다.

검색된 전자 데이터베이스로는 Cumulative Index to Nursing and Allied Health Literature(CINAHL), ETOH Archival Database, GenderWatch, Google Books, Ovid MedLine, ProQuest Dissertations, PsycINFO, Scopus, Social Work Abstracts가 있다. 표 A2.1의 예와 같은 맞춤형 검색 전략을 사용하여 각 데이터베이스를 최대한 활용하고, 아동, 청소년, 남성만을 대상으로 한 보고서나 질적 방법을 사용하지 않은 보고서 등은 제외했다. 이러한 맞춤형 검색 전략의 결과, 5,500건 이상의 영어 논문이 도출되었으며 불가피하게 중복되는 논문도 있었다.

표 A2.1 PsycINFO 문헌 검색

번호	검색	결과
1	노숙자/ 또는 정신 건강에 문제가 있는 노숙자/	3,878
2	(노숙자$, 거리의 사람들 또는 거리에서 사는 사람$1, 거리에서 생활하는 사람).mp.	5,598
3	1 또는 2의 항목 중 하나 이상	5,598
4	여성/ 또는 (여성들, 여자$).mp.	335,282
5	3과 4의 항목을 모두 포함	1,192
6	약물 남용/ 또는 알코올 남용/ 또는 알코올 중독/ 또는 폭음/	53,587
7	약물 의존/ 또는 약물 중독/ 또는 헤로인 중독/	16,812
8	흡입제 남용/ 또는 본드 흡입/ 또는 다중 약물 남용/	930
9	중독/ 또는 약물 사용/ 또는 음주 패턴/	26,986
10	알코올 중독/ 또는 급성 알코올 중독/ 또는 만성 알코올 중독/	1,909
11	사교적 음주/	696
12	정맥 주사 약물 사용/	2,268
13	약물 금단/ 또는 절제/	2,309
14	약물 재활/ 또는 알코올 재활/ 또는 알코올 중독자 자조 모임/	20,789

15	메타돈 유지 치료/	2,434
16	12단계 프로그램/	407
17	약물 탐색 행동/	126
18	6부터 17까지의 항목 중 하나 이상	94,462
19	4, 18, 3의 항목을 모두 포함	298
20	19번 검색 결과를 1980년부터 현재까지의 문헌으로 제한	295

주: $= 문자의 대체 기호로, 문자 뒤의 모든 형태를 검색; mp.= 하나의 단어로 여러 요소들을(예: 제목, 초록, 주제 표제어)을 검색

각 수집한 자료 제목과 초록을 대략적으로 검토하여 여성 노숙자와 관련된 질적 연구 보고서가 아닌 출판물을 추가로 걸러냈다. 검토 결과, 적합하다고 판단되는 90개의 보고서를 선정할 수 있었으며, 이들 보고서는 추가적인 평가가 필요했다. 이 중 30개는 한 가지 이상의 사유로 탈락했다. 예를 들어, 약물 남용과 관련된 결과를 확인할 수 없거나, 여성과 관련된 결과를 남성과 분리할 수 없거나, 여성 노숙자와 관련된 결과를 저소득층 여성과 분리할 수 없는 경우 등이 있었다. 최종적으로 1990년부터 2010년 중반까지 발표된 질적 연구 보고서 총 60편이 이번 연구의 표본으로 선정되었다. 여기에는 동료 심사를 거친 학술지 논문 30편, 저서 7권, 석·박사 학위논문 23편이 포함되었다.

데이터 추출, 분석 및 합성

이론적 편향 가능성을 최소화하기 위해, 이번 자료 분석에 사용된 유일한 이론적 기반은 근거이론 과정 개념(grounded theory process concept)(예: 선행 요인, 속성, 결과, 구성 요소 간의 상호관계; Corbin & Strauss, 2008)이었다. 이전 연구(Finfgeld-Connett, 2010a)에서 사용된 코딩 구조는 이번 연구의 목표와 맞지 않아 자료 분석에 사용하지 않았다. 각 연구의 목표/목적, 이론적 틀, 연구방법, 표본 등과 관련된 정보를 수집하기 위해 핀프겔드-코넷(2010a)이 활용한 데이터 수집 양식을 수정하여 사용하였다. 이 정보는 데

이터 분석 과정 전반에서 맥락을 제공하는 데 활용되었다. 또한, 가능할 경우 약물 남용 치료 전략과 관련된 정보도 수집하였으나, 이러한 데이터는 연구마다 일관성 있게 보고되지 않아 활용도가 제한적이었다.

각 연구 보고서를 주의 깊게 읽고, 연구 결과를 강조 표시했다. 메타 합성 방법에 따라 연구 결과는 인용문(quotation)과 같은 원자료를 그대로 사용하지 않고, 연구자가 해석한 내용으로만 제한하였다(Finfgeld, 2003; Finfgeld-Connett, 2010a). 편향을 최소화하기 위해, 연구자의 선입견에 영향을 받지 않도록 모든 해석된 결과를 원본 연구 보고서에서 추출하여 데이터 분석 매트릭스(data analysis matrices)에 배치한 후, 코딩 및 범주화를 진행하였다. 데이터의 신뢰성을 높이기 위해, 초기에는 구체적인(concrete) 용어와 보고서에서 사용된 표현(in vivo)을 활용하여 코딩을 진행했다. 더욱 확실한 결과를 도출하기 위해, 은유적 코딩은 반복적이고 성찰적인 여러 단계의 과정을 거쳐 이루어졌다. 이후, 메모는 단일 코드를 명확하게 설명하고, 추상적 범주를 해석하며, 개념 간의 연결을 기술하기 위해 반복적이고 성찰적인 방식으로 작성하고 수정하였다(Finfgeld-Connett, 2010a). 메모는 점차 임시적인 주장이나 가설로 발전되었고, 관련 연구 결과의 진실성(truthfulness)과 적합성(fittingness)을 평가하기 위해 원본 데이터와 지속적으로 비교 검토했다. 이러한 성찰적이고 반복적인 과정은 개념적 명확성이 달성되고, 인지된 역량의 핵심 개념이 완전히 명확해질 때까지 계속되었다(Corbin & Strauss, 2008; Finfgeld-Connett, 2010a; Noblit & Hare, 1988).

신뢰성

투명하고 반복적인 데이터 수집, 추출 및 분석 방법을 사용하는 것 외에도 다음과 같은 방식으로 연구 결과의 신뢰성(trustworthiness)을 높였다. 우선, 연구 보고서 전체 질적 수준을 평가하는 대신, 각 연구 결과의 신뢰성과 새롭게 도출된 결과의 적합성을 기준으로 평가했다(Pawson, 2006). 이러한 접근 방법은, 작성된 보고서만으로 질적 연구의 전반적인 질적 수준을 평가할 수 있는 유효한 방법이 아직 존재하지 않는다는 점을 의미한다 (Centre for Reviews and Dissemination, 2009). 따라서 본 연구에서는 근거가 부족한 결과만 추가 검토 대상에서 제외하였다. 이는 연구의 제시 방식이 나 작성 방식에 따라 전체 연구 보고서를 배제하는 기존 접근과는 대조적 이다. 예를 들어, 20년 전에 작성된 연구 보고서도 데이터베이스에 포함되 었지만, 각 연구 결과는 최신성을 기준으로 신중히 검토하였다. 상당 부분, 연구 주제와 관련된 결과는 시간이 지나도 여전히 유효했지만, 그렇지 않 은 결과들은 추가 분석에서 제외했다. 여기에는 치료 자금 및 공공 정책 추 진과 관련된 시기별 연구 결과들이 포함되었다.

메타합성 연구의 신뢰성 측면에서 주목할 점은, 여러 형태의 다각화 (triangulation)를 활용한다는 것이다. 이는 여러 질적 연구 결과가 데이터베 이스를 구성하고 있다는 사실과 관련이 있다. 이번 연구에서 활용된 다각 화의 형태에는 다양한 연구 틀(research framework)(예: 현상학, 문화기술지, 근 거이론 등), 표집, 데이터 분석 방법, 연구자들이 포함되었다(Finfgeld, 2003; Finfgeld-Connett, 2010b). 또한, 이번 메타합성의 경우, 제2저자인 티나 L. 블 룸(Tina L. Bloom)이 데이터 분석 과정의 중요한 단계에서 코드와 메모를 독 립적으로 검토하고, 제1저자인 데보라 핀프겔드-코넷에게 피드백을 제공 하여 신뢰성을 높였다. 그녀의 피드백은 코딩, 범주화, 메모 작성 과정을 성 찰적으로 검토하고, 데이터와 일치하도록 조정하는 데 활용되었다.

연구 결과

개요

본 연구에 포함된 보고서는 미국(n=51), 캐나다(n=3) 및 호주(n=1)에서 수행된 연구이다. 한 연구는 캐나다와 스코틀랜드에서 다기관 연구로 진행 되었으며, 네 건의 연구에서는 데이터 수집 위치가 명시되지 않았다. 그러 나 맥락적 정보에 비추어 볼 때, 이 네 건의 연구는 미국과 캐나다에서 수행된 것으로 추정된다. 이 메타합성의 표본을 구성하는 연구 결과는 총 1,871명의 여성 노숙자로부터 수집한 데이터이다. 여기에는 674명의 흑인 여성, 346명의 백인 여성, 252명의 히스패닉 여성, 기타로 분류된 100명의 여성, 인종/민족이 알려지지 않은 499명의 데이터가 포함되었다. 연구 데이터베이스에는 251명의 직원과 74명의 일반인 데이터도 있으며, 이 수치에는 관찰 및 참여 관찰을 통해 연구 과정에 참여한 다수의 인원은 포함되지 않았다.

인구 통계 분석 다음으로 메타합성 결과를 살펴보면 다음과 같다. 이번 메타합성의 결과에 따르면, 인간관계 문제와 정신 건강 문제로 인해 형성된 역량의 왜곡된 인식은 약물 남용 문제가 있는 여성의 노숙 문제 해결을 더 어렵게 만드는 것으로 보인다. 역량 인식이 매우 낮거나 매우 높은 여성들은 구조와 통제, 신뢰, 절망과 관련된 문제에 직면한다. 이러한 역량에 대한 왜곡된 인식을 가진 여성들을 위한 적절한 치료 전략에는 신중한 평가, 배려, 개인 맞춤형 구조와 통제, 대인 관계 신뢰의 형성, 희망 심어주기 등이 있다. 또한, 약물 남용 및 기타 악화된 정신 건강 문제를 관리하기 위한 표적화된 노력(targeted efforts)도 최적의 치료에 포함되어야 한다.

인지된 역량

인지된 역량(perceived competency)은 메타합성 연구에서 도출된 개념이다. 이 개념은 개인이 스스로 결정을 내리고, 행동하며, 삶에 긍정적인 변화를 만들어 낼 수 있다고 해석하는 개인적인 능력을 의미한다. 인지된 역량은 연속선상(continuum)에 존재하며, 각 개인의 통찰과 해석에 따라 달라진다. 여성 노숙자가 겪고 있는 지속적인 개인적 문제와 대인 관계의 어려움(예: Marcus, 2001; Padgett, Hawkins, Abrams, & Davis, 2006)으로 인해, 이들의 인지된 역량 수준은 매우 다양하게 나타난다. 일부 여성 노숙자는 높은 수준을, 다른 일부는 매우 낮은 수준을, 또 다른 이들은 중간 수준의 역량을 보인다. 이와 관련된 자세한 설명은 다음 단락의 참고문헌을 통해 확인할 수 있다.

낮은 수준의 인지된 역량

인지된 능력 수준이 낮은 여성은 개인적인 무력감으로 인해 오랫동안 노숙 상태에 머물 가능성이 높다(Lineberger, 2009). 이들은 자신이 처한 현실로부터 심리적으로 거리를 두려는 경향이 있으며(Acquaviva, 2000), 정신적 및 신체적 건강 관리의 필요성을 외면하려 한다(Enriquez, 2005; Liebow, 1993). 이러한 여성은 자신이 긍정적인 변화를 이끌어 낼 수 없다고 여기며, 자신의 고착된 상황을 경제나 관료 시스템(bureaucratic system)과 같은 통제할 수 없는 외부 요인 탓으로 돌린다(Williams, 2003). 이런 사고방식을 통해 운명론은 강력하고 불공정한 세상을 설명하는 위안이 되며, 비난과 증오는 다른 곳으로 투사될 수 있다(Acquaviva; Brink, 2001; Carroll & Trull, 2002; Lineberger; Williams). 이러한 허무주의적 세계관(nihilistic worldview)은 상황에 적응하는 데 일시적으로 도움이 될 수 있지만, 개인의 행동과 부정적인 결과 사이의 연관성을 모호하게 만들어 변화를 방해할 가능성이 있다. 또한, 허무주의적 세계관은 개인을 수동적이고, 무기력한 상태에 빠뜨릴 수도 있다(Acquaviva; Gelberg, Browner, Lejano, & Arangua, 2004).

높은 수준의 인지된 역량

인지된 역량 수준이 높은 여성도 여전히 노숙 상태를 유지하려는 경향을 보인다. 하지만, 이들의 정서적 반응은 인지된 역량 수준이 낮은 여성과는 상당히 다르다. 이들은 기존의 관습과 규정을 따르는 구조화된 환경(structured setting)에서 도움을 받기보다는, 자유와 자신의 가치 체계 및 규칙을 준수할 수 있는 자립을 더 중요시하는 경향이 있다(Fogel, 1997; Patterson, 2003). 이 여성들은 치료 환경을 낯설게 느끼며, 사회복지 서비스 제공자들의 기대가 자신의 적응 의지나 능력을 초과할 때 어려움을 겪을 수 있다. 이들은 구조화된 환경에서 더 안정적이고 안전하다고 느끼기보다는(Fogel), 오히려 통제력을 상실했다고 느끼며, 그로 인해 행동이 혼란스러워질 수 있다(Fogel; Grella, 1994).

인지된 역량 수준이 높은 여성 노숙자는 치료 환경을 벗어나 독립적으로 변화를 일으키고, 삶을 개선할 수 있다고 자신의 능력을 과대평가하는 경향이 있다. 이러한 생각으로 인해, 이들은 불공정한 상황을 받아들이기보다는 부정하며, 강하고 자율적이며 독립적인 사람처럼 행동하려고 한다(Huey & Quirouette, 2010). 이 여성들은 자신이 특별히 운이 좋거나, 능력이 뛰어나며, 강하고 영리해서 다른 사람과는 다르다고 믿을 정도로 극단적인 믿음을 가지기도 한다. 이러한 극단적인 자기 신뢰는 사회의 규칙이 자신에게는 적용되지 않는다고 생각할 수 있으며, 이는 공격적이거나 반사회적 또는 범죄적인 행동으로 이어질 수 있다(Carroll & Trull, 2002; Gentry, 2003; Luhrmann, 2008). 결과적으로, 이들은 마약 판매나 성매매와 같은 불법적이고 위험한 행동을 반복적으로 하게 될 가능성이 높다(Geter, 1993; Greene, Ball, Belcher, & McAlpine, 2003; Marcus, 2001; Wheeler, 2006).

중간 수준의 인지된 역량

인지된 역량 연속선의 중간에 위치한 여성 노숙자는 자신의 장점과 한계를 비교적 잘 파악하고 있으며, 효과적으로 의사 결정을 내리고 문제를 해결하는 데 필요한 능력을 보유하고 있는 것으로 보인다. 이들은 인지된 역량 연속선에서 양극단에 있는 여성들보다 사회복지 서비스 제공자에게 더 적극적으로 접근하고, 지식을 습득하며, 건강한 지지 관계를 구축하고, 일상적인 생활을 확립하면서, 일자리와 주거지를 찾는 데 더 능숙하다(Banyard, 1995; Gillette, 2001; Haydon, 2005; Sysko, 2002). 또한, 이들은 창의적인 대처 전략을 세우는 데 더 뛰어나며, 장기간 사회복지 서비스에 의존할 가능성이 낮다(Grella, 1994). 이번 메타합성 연구의 목적상, 이 여성들은 본 연구의 주요 대상이 아니다.

인지된 역량을 형성하는 요인들

역기능적 관계

인지된 역량의 수준은 주로 역기능적 관계(dysfunctional relationship)에서 비롯된 경험을 통해 드러나는 경향이 있다. 많은 여성 노숙자는 여러 세대에 걸친 문제와 상실을 경험한 불안정한 가정에서 성장했을 가능성이 높으며(Trickett & Chung, 2007), 부모의 이혼, 사망, 또는 약물 남용과 같은 문제를 경험한 경우도 적지 않다. 많은 여성 노숙자는 청소년기에 방임, 신체적 학대, 정서적 학대를 겪었으며, 어린 시절부터 친척에게 양육되거나 위탁 가정에 맡겨진 경우도 많다(Acquaviva, 2000; Carroll & Trull, 1999, 2002; Haydon, 2005; Marcus, 2001).

성인이 된 여성 노숙자는 가족으로부터 학대나 소외를 경험한 적이 있다고 보고한다(Carroll & Trull, 2002; Lineberger, 2009; Trickett & Chung, 2007; Wheeler, 2006). 여성 노숙자가 호의적인 지인이나 가족 구성원에게 의지하려 해도, 이러한 관계는 불안정하여 시간이 지날수록 긴장감이 고조되고, 결국 떠나야 한다는 압박감을 받게 된다(Belcher, Greene, McAlpine, & Ball, 2001; Brink, 2001; Montgomery, McCauley, & Bailey, 2009; Williams, 2003). 이러한 경험으로 인해 많은 여성 노숙자는 건강한 대인 관계를 형성할 기회를 갖지 못하며(Belcher et al., 2001), 그 결과 그들의 사회적 지원 시스템은 매우 취약해진다(Brink; Gillette, 2001; Williams).

인지된 역량이 낮은 여성은 타인과의 관계를 유지하려는 본능적인 욕구가 때때로 자신의 안녕과 안전을 보장하려는 욕구보다 우선할 수 있다(D'Amico, Barnes, Gilbert, Ryan, & Wenzel, 2009; Urbanoski, 2001). 이러한 여성은 장기적으로 상호 만족스러운 관계를 형성하고자 하는 욕구를 충족시키기 위해, 단기적으로 다양한 형태의 학대를 견뎌 내는 경향이 있다(Haydon, 2005; Liebow, 1993; Lineberger, 2009). 인지된 역량이 높은 여성 노숙자 또한, 부적응적인 대인 관계를 맺을 가능성은 있지만, 그 형태는 다르게 나타난다. 이들은 자신을 학대할 남성과 깊이 얽힐 가능성은 낮지만, 만연한 폭력(ubiquitous violence)과 일부다처제(serial monogamy)[1]나 낯선 사람과의 약물 사용으로 인해 발생할 수 있는 부정적인 결과에 매우 취약하다. 예를 들어, 인간 면역 결핍 바이러스(HIV) 노출이 그 대표적 사례이다(Bourgois, Prince, & Moss, 2004; Luhrmann, 2008).

약물 남용과 정신 건강 문제

약물 남용이 먼저인지 노숙이 먼저인지 명확히 판단하기 어려운 경우가 있다. 많은 사례에서 가족력이 있는 경우나, 최소한 어린 시절에 약물 남용 문제를 겪은 기록이 존재한다(Carroll & Trull, 1999, 2002; Lineberger, 2009; Schretzman, 1999). 가족력이나 어린 시절 경험이 없더라도, 노숙자가 된 이후 약물 남용을 시작하는 경우도 흔하다. 여성 노숙자는 소속감을 느끼기 위해, 성 파트너를 만족시키기 위해, 혹은 고통스러운 현실에서 도피하려는 목적으로 약물과 알코올에 의존하게 될 수 있다(Brink, 2001; Enriquez, 2005; Padgett et al., 2006). 그 시작이 무엇이든, 약물 남용과 노숙은 지속적인 악순환으로 이어질 수 있다. 또한 약물 남용 문제는 불안, 성격 장애, 기분 장애, 정신병적 장애와 같은 급성 및 만성적인 정신 건강 상태에 의해 악화될 수 있다(Hatton, Kleffel, Bennett, & Gaffrey, 2001; Magee & Huriaux, 2008; Sysko, 2002; Trickett & Chung, 2007).

약물 남용이나 정신 건강 문제는 인지된 역량 연속선의 양극단에 있는 여성들이 가지는 잘못된 인식을 악화시킬 수 있다. 심각한 경우, 개인은 과대망상에 시달릴 수 있으며, 이는 높은 수준의 인지된 역량과 관련된 문제를 크게 악화시킬 수 있다. 반대로 망상적 사고는 이미 낮아진 여성의 인

---

1 역자주: 'serial monogamy'는 한 번에 한 명의 배우자나 연인을 사귀지만, 관계가 끝난 후 곧바로 다른 관계를 시작하는 상황을 말한다. 이 용어는 일반적으로 한 번에 한 명의 파트너와 교제하지만 관계가 지속되지 않고, 반복적으로 새로운 파트너와 관계를 시작하는 상황을 설명할 때 사용된다. 일부다처제와 용어상 차이가 있으나 본 역서에서는 일부다처제로 번역하도록 한다.

지된 역량을 더욱 약화시켜 긍정적인 변화를 시작하기 어렵게 만들 수 있다(Acquaviva, 2000; Carroll & Trull, 1999, 2002; Gillette, 2001; Haydon, 2005; Marcus, 2001; Padgett et al., 2006; Trickett & Chung, 2007; Sysko, 2002; Williams, 2003; Woods-Brown, 2001).

인지된 역량과 지원에 대한 수용성

구조와 통제 문제

많은 여성 노숙자가 자신의 삶에서 장기적인 긍정적 변화를 이루기 위한 적응 능력을 충분히 발달시키지 못하고 있다는 사실은 여러 질적 연구 결과에서 입증되고 있다(Carroll & Trull, 2002; Greene et al., 2003; Lineberger, 2009; Wheeler, 2006). 인지된 역량 연속선의 양극단에 있는 여성 노숙자들은 각기 다른 방식으로 구조와 통제 문제에 어려움을 겪는 것으로 보인다. 인지된 역량이 낮은 여성 노숙자는 스스로 대처해야 할 상황에 놓이면 당황하거나 쉽게 순응하는 경향이 있다. 이들은 의사 결정을 타인에게 맡기기를 선호하며, 강한 통제와 구조화된 지원 환경에서 더 잘 적응하는 경향이 있다(Hill, 1991; Lindsey, 1997). 때로는 필요한 지원을 받지 못할 것에 대한 두려움 때문에 불필요한 규칙과 규정을 묵묵히 따르기도 한다(Liebow, 1993; Luhrmann, 2008; Williams, 2003).

반면, 인지된 역량 수준이 낮은 여성에게 편안함을 주는 구조와 통제가 인지된 역량 수준이 높은 여성에게는 억압적으로 느껴질 수 있다. 인지된 역량이 높은 여성은 구조화된 환경과 통제에 강한 반감을 가지며, 특히 식사, 수면, 육아 등의 일상적인 활동이 감시와 규제의 대상이 되는 것을 싫어한다(Flores, 2006; Fogel, 1997; Geter, 1993; Gillette, 2001; Haydon, 2005; Marcus, 2001; Urbanoski, 2001; Wheeler, 2006). 이들은 엄격한 규칙과 절차로 인해 개인적인 결정을 내릴 수 없다는 점에 대해 비판적이며(Connolly, 2000; Urbanoski; Wheeler), 그로 인해 철저히 구조화된 지원 프로그램에서 혜택을 충분히 누리지 못하고, 종종 프로그램을 이탈하는 경향을 보인다 (Fogel; Patterson, 2003).

신뢰 대 불신

학대와 방임 같은 비정상적인 발달 경험으로 인해, 지속적으로 노숙 생활을 하는 여성은 상황에 적응하고, 자신에게 유리한 결정을 내리는 데 어려움을 겪는 것으로 보인다(Cook, 1995). 이러한 비정상적인 발달 경험 이 장기적으로 미치는 영향 중 하나는 동료, 중요한 타인, 가족 구성원과 의 적응적 대인 관계를 형성하는 데 어려움을 겪는다는 점이다(Acquaviva, 2000; Carroll & Trull, 1999, 2002; Haydon, 2005; Lineberger, 2009; Marcus, 2001; Wheeler, 2006). 여성 노숙자는 추가적인 피해와 트라우마로부터 자신을 보 호하려는 과정에서 사회복지 서비스 제공자와 적응적 대인 관계를 맺는 데 도 어려움을 겪을 수 있다(Haydon). 여성 노숙자는 사회복지 시스템이 항 상 자신의 이익을 최우선으로 고려한다고 믿지 않으며, 자신에게 제공되 는 도움을 반드시 활용하지도 않는다(Sysko, 2002). 예를 들어, 여성 노숙 자는 사회복지 서비스 제공자가 항상 진실을 말한다고 생각하지 않으며 (Acquaviva; Connolly, 2000), 사법 시스템이 자신들을 보호해 줄 것이라고 확 신하지 못하기도 한다(Brink, 2001). 또한, 자녀 양육권 결정이 중요한 상황 에서 사회복지 서비스 제공자와 공유한 정보가 자신에게 불리하게 작용할 것을 두려워할 수도 있다(Hatton et al., 2001; Woods-Brown, 2001).

신뢰 부족으로 인해, 인지된 역량 연속선의 양극단에 있는 여성 노숙 자들은 제공되는 서비스의 혜택을 받기 어려울 수 있다(Sysko, 2002). 인지 된 역량이 낮은 여성은 자신을 표현하고 주장하는 데 자신감이 부족해 종 속적이고 순종적인 방식으로 행동할 가능성이 높다. 이러한 여성은 자신에 게 필요한 도움을 솔직하게 요청하기보다는, 제공되는 서비스에 맞춰 자신 의 필요를 조정하려는 경향이 있다(Liebow, 1993; Luhrmann, 2008; Williams, 2003). 예를 들어, 약물 남용 문제가 있는 여성이 식량과 보호소를 제공받기 위해 가정 폭력을 가장해 친밀한 파트너 폭력 전문 시설에서 도움을 받는 경우가 있다. 이러한 행동은 실제 문제를 모호하게 만들고 재활 노력을 방해할 수 있다(Geter, 1993; Gillette, 2001). 반면, 인지된 역량 수준은 높지만 신뢰가 부족한 여성은 위기가 발생하지 않는 한 사회복지 서비스에서 제공하는 지원 프로그램에 등록하거나 지속적으로 참여하는 것을 주저할 수 있다. 이들을 지원 서비스 체계로 유입하기 위해서는 공감적 접근이 필요할 수 있다(Apfel, 2007; Gelberg et al., 2004). 이 여성들은 프로그램에 등록한 후에도 여전히 개인 정보를 공개하는 것을 꺼릴 수 있다. 이들이 사회복지 서비스 시스템을 지속적으로 이용할 수 있도록 신뢰 관계를 구축하고 유지하는 데 상당한 노력이 필요할 수 있다.

절망감

새로운 삶을 시작하는 것은 이상적인 상황에서도 쉽지 않을 수 있다. 이러한 어려움은 특히 개인이 자신의 역량을 왜곡되게 인식하거나, 그들이 속한 시스템에 많은 결함이 있을 때 더욱 심화되는 경향이 있다. 예를 들어, 복잡한 관료주의(bureaucracy)는 대인 관계 능력이 상대적으로 부족한 여성이 자신에게 제공되는 서비스 혜택을 받기 어렵게 만드는 대표적인 문제이다(Brink, 2001; Hatton, 2001; Marcus, 2001; Wheeler, 2006). 이러한 문제는 인식 역량 수준이 낮거나 높은 여성들 모두에게 좌절감을 높이고 절망감을 초래할 수 있다.

무력감을 느끼고 수동적인 태도를 취하는 경향을 고려할 때(Acquaviva, 2000; Carroll & Trull, 2002; Lineberger, 2009; Williams, 2003), 인지된 역량이 낮은 여성이 절망감을 경험할 가능성이 높다는 추론은 합리적이다. 처음에는 이러한 절망감을 자신에게만 국한시키지만, 시간이 지나면서 자신이 비효율적이고 비효과적이라고 인식하는 시스템으로 그 감정을 확장할 수 있다. 반면, 인지된 역량이 높은 여성은 과도하게 제한적이고 억압적이라고 느끼는 시스템 내에서 활동해야 할 때 절망감을 느낄 가능성이 크다(Fogel, 1997;

Liebow, 1993; Marcus, 2001; Patterson, 2003; Williams). 이 여성들은, 절망감을 개인적 차원을 넘어 억압적으로 인식되는 관료적 시스템에 투영하는 경향이 있다. 이러한 방어기제는 인지된 역량이 높은 여성이 자신의 왜곡된 역량 인식을 유지하게 만들 수 있다.

왜곡된 역량 인식이 있는 맥락에서 서비스 제공

신중한 평가

인지된 역량 연속선의 양극단에 위치한 여성들은 다양한 이유로 사회복지 서비스 혜택을 충분히 활용하는 데 어려움을 겪을 수 있다. 따라서 이들에게는 신중한 평가(careful assessment)가 필요하다(Apfel, 2007; Bridgman, 2003; Flores, 2006; Lindsey, 1997; Magee & Huriaux, 2008; Urbanoski, 2001; Williams, 2003; Woods-Brown, 2001). 각 여성의 인지된 역량 수준을 정확히 파악하는 것은 사회복지 서비스 제공자가 가장 효과적이고 효율적인 지원을 설계하고 실행하는 데 중요한 역할을 한다. 정확한 평가를 통해 사회복지 서비스 제공자는 여성 노숙자가 자신을 어떻게 드러내고, 도움을 어떻게 요청하며, 지원이 제공될 때 어떻게 반응할지를 더 잘 예측할 수 있다. 예를 들어, 인지된 역량 수준이 높은 여성 노숙자는 인지된 역량이 낮은 여성에 비해 자신을 더 유능하고 도움이 덜 필요하다고 표현할 가능성이 높다. 또한, 약물 남용 문제가 있는 경우, 노숙 문제 해결이 더욱 복잡해질 수 있다(Apfel; Bridgman; Flores; Lindsey; Magee & Huriaux; Urbanoski; Williams; Woods-Brown).

배려심

이 연구 결과에 따르면, 사회복지 서비스 제공자가 언제나 배려심 있는 태도로 지원을 제공할 것이라고 기대하기는 어렵다. 이는 배려가 치료적 지원에서 중요한 요소로 인식되고 있음에도 불구하고 발생하는 문제이다(Gillette, 2001; Gelberg et al., 2004; Liebow, 1993). 특히, 여성 노숙자는 배려, 친절, 공감, 지원, 존중이 치료에 긍정적인 영향을 미친다고 언급한다. 또한, 여성 노숙자는 인내심 있고 비판적이지 않은 소통과 협력이 중요하며, 배려하지 않는 접근 방식은 지원의 효과를 약화시킬 수 있다고 지적한다(Apfel, 2007; Gelberg et al.; Gillette; Magee & Huriaux, 2008; Urbanoski, 2001; Wenzel, D'Amico, Barnes, & Gilbert, 2009). 많은 여성 노숙자가 다양한 형태의 대인 관계 트라우마를 겪은 생존자라는 점에서 배려는 특히 중요한 요소로 인식된다(Finfgeld-Connett, 2010a). 아울러, 배려가 신뢰와 관련된 치료 장벽을 완화하는 데 도움이 될 수 있다는 추론도 가능하다.

대인 신뢰 구축

인지된 역량의 연속선상에서 자신의 위치와 상관없이, 사회 서비스 시스템에 대한 불신은 치료의 장벽이 될 수 있다. 이러한 불신은 여성 노숙자가 신뢰했던 사람들에게 실망하거나, 그들로 인해 부정적인 경험을 한 기억에서 비롯된 것으로 보인다(Acquaviva, 2000; Carroll & Trull, 1999, 2002; Haydon, 2005; Marcus, 2001). 또한, 여성 노숙자는 도움을 주는 전문가로부터 낙인찍히거나, 수치심을 느끼거나, 노골적으로 부당한 대우를 받은 경험으로 인해 사회 서비스 시스템에 대한 신뢰를 잃을 수도 있다(Acquaviva; Brink, 2001; Connolly, 2000; Gillette, 2001). 사회복지 서비스 제공자가 여성 노숙자와의 신뢰를 구축하기 위해서는 배려뿐만 아니라, 총체적인 접근(holistic approach) 방식도 갖추어야 한다(D'Amico et al., 2009; Gelberg et al., 2004; Williams, 2003; Woods-Brown, 2001). 이는 모든 서비스가 모든 여성에게 필요하거나 적합하다는 것은 아니다. 오히려 여성은 저마다 각자의 요구를 가지고 시스템에 접근하며, 그에 맞는 개별적인 돌봄과 지원이 필요하다(Apfel, 2007; Bridgman, 2003; Flores, 2006; Magee & Huriaux, 2008; Urbanoski, 2001; Williams; Woods-Brown). 개인에게 적합하지 않은 지원 프로그램은 여성들이 자신의 문제가 해결되지 않거나 진지하게 받아들여지지 않는다고 인식할 수 있기 때문에 불신과 소외감을 증폭시킬 수 있다.

여성 노숙자는 사회복지 서비스 전문가들과 신뢰 관계를 형성할 수 있지만(Haydon, 2005), 이들만으로는 충분한 보살핌과 지원을 받을 수 없다. 이러한 이유로 여성 노숙자는 사회복지 분야 외부의 사람들과 신뢰할 수 있는 관계를 형성하는 데 있어 도움이 필요할 수 있다. 하지만 그 전에, 여성 노숙자는 대인 관계 학대와 약물 사용이 특징인 비적응적인 관계(nonadaptive relationship)(Sysko, 2002)에서 벗어나기 위한 지원이 필요할 수 있다(Greene et al., 2003; Schretzman, 1999; Sysko). 돌봄 제공자는 여성 노숙자들 사이에 적응적인 관계를 조성하는 것이 좋다. 연구자는 여성 노숙자가 인종, 민족, 성적 지향을 초월하여 다른 여성 노숙자와 건강한 신뢰 관계를 형성할 수 있다고 말한다(Haydon; Gillette, 2001). 이러한 유대감은 여성 노숙자들이 비슷한 배경과 어려움을 공유하며, 서로를 비난하거나 평가하지 않는다는 점에 기반하여 형성된다(Urbanoski, 2001). 이러한 유형의 신뢰 관계는 알코올과 약물 사용을 중단하는 데 도움이 될 수 있으며(Sysko), 정서적 위로를 제공하고 재정적 안정을 돕는 역할을 할 수 있다(Acquaviva, 2000).

개인 맞춤형 구조와 통제

인지된 역량 연속선상의 양극단에 위치한 여성 노숙자들은 구조와 통제 방식에서 각기 다른 어려움을 겪는다. 인지된 역량 수준이 낮은 여성은 통제되고, 구조화된 환경에서 더 잘 적응하는 경향이 있다(Liebow, 1993; Luhrmann, 2008; Williams, 2003). 반면, 인지된 역량 수준이 높은 여성은 이런 환경에 불만을 느낄 가능성이 높다(Fogel, 1997; Geter, 1993; Gillette, 2001; Haydon, 2005; Marcus, 2001; Urbanoski, 2001; Wheeler, 2006). 이러한 이유로, 사회복지 서비스 전문가는 개인 맞춤형 구조와 통제를 제공하여 지원 노력을 최적화해야 한다(Apfel, 2007; Bridgman, 2003; Flores, 2006; Haydon, 2005; Magee & Huriaux, 2008; Urbanoski; Williams; Woods-Brown, 2001). 대부분의

여성 노숙자는 타인과 안전하고 우호적으로 지내기 위해 최소한의 구조와 통제가 필요하다는 것을 이해하고 있는 것으로 보인다. 심지어 행동 기대치가 명확하고, 규칙을 공정하게 적용하는 호의적인 직원이 존재한다는 것을 알게 되면 감사함과 안도감을 표현하기도 한다(Bridgman; Sysko, 2002). 이러한 여성에게는 기본 규칙을 충분히 설명하고, 이의가 제기될 경우, 명확한 근거를 제시하는 것만으로도 치료 환경을 조성하는 데 충분할 수 있다(Apfel). 또한, 개인 맞춤형 구조와 통제는 여성들에게 어떤 유형의 도움을 받을 수 있는지를 알려주고, 제공된 서비스를 적극적으로 수용할지 여부를 그들 스스로 결정하게 해줄 수도 있다(Bridgman). 이는 결과가 고통스럽더라도, 여성이 자신의 결정에 따른 결과를 감당하게 하는 것을 의미하기도 한다(Connolly, 2000). 물론, 안전과 같은 우선순위가 있을 때는 이러한 자유방임적 접근이 적절하지 않을 수 있다.

희망 심어주기

인지된 역량 연속선의 양극단에 있는 여성 노숙자들은 자신의 삶을 현실적으로 변화시키는 비전을 세우는 데 어려움을 겪을 수 있다. 노숙자로서 이들은 선택의 폭이 넓지 않다고 느끼며, 하나의 선택이 다른 선택보다 특별히 나을 것이라고 생각하지 않을 수도 있다(Grella, 1994; Montgomery et al., 2009). 이들은 선택의 상황에서 여러 가지 나쁜 선택 중 그나마 덜 나쁜 것을 골라야 하는 딜레마에 처해 있다고 느낄 수 있다(Lineberger, 2009). 이 때문에, 여성 노숙자와 함께 일하는 사람들은 여성들이 더 나은 삶을 누릴 자격이 있다는 믿음을 심어주고, 그들의 삶이 현실적으로 어떻게 개선될 수 있을지 상상할 수 있도록 돕는 것이 중요하다(Gillette, 2001; Haydon, 2005; Montgomery et al., 2009; Sysko, 2002). 끊임없는 실망과 절망감에 빠지지 않도록, 돌봄 제공자들은 어려움을 인정하면서, 여성 노숙자가 이상적인 목표보다는 작은 단계의 점진적인 변화나 개선을 구상할 수 있도록 도와야 한다(Apfel, 2007; D'Amico et al., 2009; Haydon, 2005; Liebow, 1993;

Magee & Huriaux, 2008; Schretzman, 1999; Sysko).

희망을 심어주고 지속시키기 위해, 서비스 제공자는 인지된 역량 연속선의 양극단에 있는 여성 노숙자들이 새로운 기술을 배울 수 있도록 지원해야 한다. 새로운 기술을 배우면, 여성 노숙자는 각자의 필요에 맞게 이를 활용할 수 있는 역량을 갖추게 된다. 예를 들어, 새로 습득한 의사소통 기술은 인지된 역량이 낮은 여성이나 높은 여성이 수동적이거나 공격적인 방식 대신, 보다 적극적으로 상호작용할 수 있게 해준다(Banyard, 1995; Hatton et al., 2001). 또한, 타협의 기술, 협력적 목표 설정, 의사 결정 등의 기술을 익히고 향상시킬 수 있다(Apfel, 2007; Barkley, 1996; Connolly, 2000; D'Amico et al., 2009; Flores, 2006; Gentry, 2003; Haydon, 2005; Magee & Huriaux, 2008). 여성 노숙자는 또한 복지 혜택 신청 방법, 재정 관리, 취업 및 고용 유지와 같은 기본적인 생활 기술을 배우는 데도 도움을 받을 수 있다(Marcus, 2001; Wheeler, 2006; Williams, 2003). 이러한 기술들은 행동 지향적이며 즉각적인 긍정적 효과와 보상으로 이어질 수 있어, 절망감을 느끼는 개인들에게 절실히 필요할 수 있다.

절망감을 극복하는 또 다른 방법은 영성(spirituality)이다. 영성은 여성 노숙자에게 삶이 개선될 것이라는 희망을 주고, 어려운 과정을 견딜 수 있는 정서적 지원과 안정감을 주는 것으로 알려져 있다(Gillette, 2001; Greene et al., 2003; Sysko, 2002; Urbanoski, 2001). 또한, 영적 위안은 약물 남용 문제를 극복하는 데 필요한 내면의(intrapsychic) 힘과 대인 관계에서의 도움을 주는 데도 중요한 역할을 한다(Greene et al.).

약물 남용 및 정신 건강 문제의 관리

지속적으로 노숙 상태에 있는 여성은 약물 남용과 정신 건강 문제로 인해 긍정적인 방향으로 나아가는 데 있어서 어려움을 겪을 수 있으며, 이러한 문제는 역량에 대한 왜곡된 인식을 더욱 악화시킬 수 있다(Banyard, 1995; Grella, 1994). 일부 급성 및 만성적인 문제를 치료하기 위해 심리치료 약물이 사용될 수 있으며(Apfel, 2007), 개인 치료, 약물 남용 치료, 트라우마 기반 치료 또한 자주 권장된다(Apfel, 2007; Kissman, 1999; Williams, 2003; Woods-Brown, 2001). 언제, 어떤 유형의 상담이 가장 적합한지를 판단하기 위해서는 신중한 평가가 필요하다. 예를 들어, 위기 상황에서는 노숙 여성들이 상담을 적극적으로 수용하지만, 문제가 해결되면 상담에 대한 수용도가 낮아질 수 있다. 이러한 현상은 특히 인지된 역량 수준이 높은 개인에게 나타날 수 있으며, 치료 기회를 제대로 활용하고 개인의 특정 요구를 효과적으로 충족시키기 위해 더 큰 유연성이 요구될 수 있다(Urbanoski, 2001).

논의

인지된 역량 및 관련 개념

여성 노숙자가 노숙을 지속하는 데에는 약물 남용, 경제적 문제, 정신질환 등 여러 가지 요인이 영향을 미친다(HRSDC, 2010; NCH, 2009). 본 연구는 또한 장기간의 역기능적 대인 관계와 같은 맥락적 요인이 여성의 역량 인식 왜곡과 노숙 상태의 지속에 중요한 역할을 한다는 것을 보여준다. 정신 건강 문제, 문화와 민족성, 가정 폭력, 모성, 심지어 트랜스젠더 이슈와 같은 차이점을 고려해 노숙 여성에게 맞춤형 치료를 제공해야 한다는 의견도 제기되었다(Apfel, 2007; Bridgman, 2003; Flores, 2006; Magee & Huriaux, 2008; Urbanoski, 2001; Williams, 2003; Woods-Brown, 2001). 이러한 의견들은 개별적인 특성을 반영하는 데 의미가 있지만, 이번 연구 결과는 인지된 역량이 이러한 차이들을 어느 정도 극복할 수 있다는 가능성도 뒷받침하고 있다. 따라서 서비스 제공자는 여성 노숙자가 인지된 역량의 연속선상에서 어느 위치에 있는지를 신중하게 판단하고, 그에 맞는 적절한 지원을 제공하는 것이 중요하다.

자기 효능감

이번 연구에서는 근거이론 과정 개념(grounded theory process concepts)(Corbin & Strauss, 2008)을 기본적인 연구 방법으로 사용했으며, 그 외 다른 이론적 또는 개념적 틀은 사용하지 않았다. 연구 결과를 더 깊이 있게 분석하기 위해서는 자기 효능감과 인지된 역량과 같은 개념들 간의 유사점과 차이점에 대한 보다 체계적인 비교가 필요하다. 이 두 개념에 대한 포괄적인 비교(comprehensive comparison)는 본 보고서의 범위를 벗어나지만, 간략하게 살펴보겠다.

인지된 역량과 마찬가지로 자기 효능감도 낮은 수준에서 높은 수준에 이르는 연속선상에 위치하며, 연속선의 낮은 수준에 있는 개인은 자신의 삶에서 적응적 변화를 일으키기 위해 상당한 도움이 필요할 것으로 예상된다(Bandura, 2004). 이와 같은 유사성에도 불구하고, 두 개념 사이에는 중요한 차이점이 존재한다. 인지된 역량과 달리, 자기 효능감이 높은 개인일수록 자신의 삶에서 적응적 변화를 이룰 가능성이 높다는 것이 입증되었다(Bandura, 2004). 이는 인지된 역량 연속선의 중간에 위치한 여성 노숙자가 연속선 최상단에 있는 여성보다 자신의 상황을 개선할 준비가 더 잘 되어 있는 것으로 보는 본 연구의 결과와 상반된다.

주목할 만한 점은, 높은 수준의 자기 효능감과 적응적 변화 사이의 이론적 상관관계가 여성 노숙자나 장기간 학대와 트라우마를 겪은 여성에게서는 뚜렷하게 나타나지 않는다는 점이다(Benight & Bandura, 2004; Epel, Bandura, & Zimbardo, 1999). 이러한 이유로 연구자는 여성 노숙 문제를 더 깊이 이해하고 설명하기 위해 인지된 역량과 같은 개념의 가치를 더욱 심도 있게 연구할 필요성이 있음을 강조하고자 한다.

역량 강화

질적 연구자는 관심 주제에 대한 관련된 정보가 전혀 없는 상태에서 연구를 시작하지 않는다. 연구의 신뢰성에 영향을 미칠 수 있는 잠재적인 문제들을 미리 인식하고, 이를 최소화하기 위해 데이터 분석을 성찰적인 방식(reflexive manner)으로 진행한다(Finlay, 2002). 이번 연구의 경우, 약물 남용 문제를 겪는 여성 노숙자가 안정적인 주거 환경을 마련하는 데 중요한 전략으로 역량 강화(empowerment)가 떠오를 것이라는 가설을 초기 단계에 세웠다. 실제로, 역량 강화는 데이터 분류와 메모 작성의 후반 단계까지 작업 코드(working code)로 사용되었다. 그러나 데이터 분석과 합성이 진행되면서, 역량 강화만으로는 개인 맞춤형 구조와 통제, 협력적 의사 결정, 인지된 역량 수준이 매우 다른 여성들에게 희망을 심어주는 과정에서 나타나는 복잡성을 충분히 설명하지 못한다는 점이 분명해졌다.

자율성

O'Campo 등(2009)이 약물 남용 문제를 겪는 성인 노숙자 대상으로 한 체계적 리뷰(systematic review)에서 확인한 자율성 개념에서도, 역량 강화만으로는 여성 노숙자의 개별적 필요와 상황을 충분히 설명하거나 해결하기에 부족하다는 유사한 결론을 도출할 수 있다. 인지된 역량 수준이 높은 여성에게 자율성을 획일적으로 권장하는 것은 기존의 왜곡된 인식을 악화시킬 수 있다는 주장이 제기된다. 반면, 구조화된 환경을 선호하는 인지 역량 수준이 낮은 여성에게는 통제되지 않은 자율성은 오히려 부담으로 작용할 수 있다. 이러한 이유로, 각 여성의 개별적 요구를 충족하기 위해서는 신중한 평가와 맞춤형 자율성 증진 방안을 마련하는 것이 바람직하다.

한계점

모든 메타합성 연구는 고유한 한계를 가지고 있다. 그중 가장 큰 한계는 연구자가 원래 연구 참여자와 직접 상호작용하지 못하고, 기존 연구 결과에만 의존해야 한다는 점이다. 이러한 한계는 광범위한 표본 추출과 신중하고 포괄적인 데이터 추출을 통해 최소화하였다. 또한, 데이터 분석 및 합성 과정에서 데이터에 밀착하여 원자료에서 사용한 용어(in vivo code)와 명확한 은유(transparent metaphors)적 표현을 사용함으로써 이 같은 잠재적 한계를 최소화하고자 했다.

O'Campo와 동료들(2009)의 성인 노숙인 관련 질적 합성 연구와 마찬가지로, 이번 연구에서도 사용된 데이터만으로는 약물 남용 결과를 개선하기 위한 명확한 지침을 도출하는 데 한계가 있었다. 이번 연구의 경우, 특정 약물 남용 치료 전략과 관련된 데이터가 여러 연구에서 일관성 없이 보고되었다는 점을 이미 언급한 바 있다. 연구자들은 약물 남용 문제에도 관심을 가졌지만, 여성 노숙자들에게는 주거와 같은 시급한 문제가 더 중요한 과제로 여겨졌고, 이로 인해 연구자들은 약물 남용 자체보다는 여성들의 전반적인 웰빙에 더 초점을 맞추었다. 이러한 초점의 변화는 약물 남용이 대처 메커니즘으로서의 역할이 제한적임을 보여주는 한편, 노숙에 이르는 과정, 노숙 상태를 유지하는 과정, 노숙 문제를 해결하는 과정에서 나타나는 복잡성과 관련이 깊을 수 있다.

결론

여성 노숙자에 대한 돌봄을 인지된 역량의 관점에서 접근하면, 이들의 어려움을 깊이 이해하고 더 건강하고 안정적인 삶을 구축하는 데 도움이 되는 새로운 개입 방안을 제시할 수 있다. 사회복지 서비스 제공자는 여성 노숙자의 인지된 역량 수준을 신중히 평가하여, 그에 맞는 개입 방식을 설계하고 적용해야 한다. 여성 노숙자에 대한 치료 전략으로는 신뢰 구축, 개인 맞춤형 구조 및 통제, 희망 심어주기, 왜곡된 역량 인식을 악화시킬 수 있는 정신 건강 문제에 대한 세심한 관리 등이 제안된다.

본 연구 결과를 토대로, 사회복지 서비스 제공자는 약물 남용 문제를 겪는 여성 노숙자의 자기 효능감을 높이고, 역량 강화와 자율성을 증진시키기 위한 획일적인 지침(blanket admonition)을 재고해야 한다. 또한, 인지

된 역량과 자기 효능감 간의 유사점과 차이점을 탐구하는 추가적인 연구가
필요하다. 연구자는 인지된 역량 연속선의 양극단에 위치한 여성 노숙자
를 지원할 때, 개인 맞춤형 구조와 통제가 획일적인 접근을 통해 이루어지
는 역량 강화와 자율성 증진보다 효과적인지 신중하게 비교하고 검토해야
한다.

이해관계 상충 선언

저자는 본 논문의 저술 및 출판과 관련하여 어떠한 이해관계 충돌도
없음을 선언한다.

연구비 지원

저자는 본 논문의 연구 및 저술과 관련하여 다음과 같은 재정적 지원
을 받았음을 공개한다. 본 프로젝트는 미국 국립 약물 남용 연구소(National
Institute on Drug Abuse)의 연구비 지원 번호(Grant Number) R21DA024749
의 지원을 받았다. 본 논문의 내용은 전적으로 저자의 책임이며, 미국 국립
보건원(National Institutes of Health)의 공식적인 견해를 나타내는 것은 아니다.

주

1 Finfgeld-Connett, Deborah; Bloom, Tina L.; Johnson, E. Diane, 'Perceived Competency and Resolution of Homelessness among Women with Substance Abuse Problems', *Qualitative Health Research* 22(3), 2012, pp. 416-423. 저작권 © 2012 저자. SAGE Publications의 허가를 받아 재인쇄함.

참고문헌

Acquaviva, K. D. (2000). *A qualitative study of the sexuality of women living in a homeless shelter*. (Unpublished doctoral dissertation). Philadelphia: University of Pennsylvania.

Apfel, J. (2007). *Creating surviving the streets: A trauma informed treatment guide for homeless women*. (Unpublished doctoral dissertation). San Francisco: Alliant International University.

Australian Bureau of Statistics. (2008). *Homelessness in Australia*. Retrieved from www.abs.gov.au/AUSSTATS/abs@.nsf/Latestproducts/2050.0Media%20 Release12006?opendocument#

Bandura, A. (2004). Health promotion by social cognitive means. *Health Education & Behavior*, 31, 143-164. doi: 10.1177/1090198104263660

Banyard, V. L. (1995). "Taking another route": Daily survival narratives from mothers who are homeless. *American Journal of Community Psychology, 23*, 871-891. doi: 10.1007/BF02507019

Barkley, K. M. (1996). *Social change and social service: A case study of a feminist battered women's shelter*. (Unpublished doctoral dissertation). Eugene: University of Oregon.

Belcher, J. R., Greene, J. A., McAlpine, C., & Ball, K. (2001). Considering pathways into homelessness: Mothers, addictions, and trauma. *Journal of Addictions Nursing, 13*, 199-208. doi: 10.3109/10884600109052654

Benight, C. C., & Bandura, A. (2004). Social cognitive theory of post-traumatic recovery: The role of perceived self-efficacy. *Behaviour Research and Therapy,*

42, 1129-1148. doi: 10.1016/j.brat.2003.08.008

Bourgois, P., Prince, B., & Moss, A. (2004). The everyday violence of hepatitis C among young women who inject drugs in San Francisco. *Human Organization, 63*, 253-264. Retrieved from www.ncbi.nlm.nih.gov/pmc/articles/PMC1458969/pdf/nihms3845.pdf

Bridgman, R. (2003). *Safe haven: The story of a shelter for homeless women*. Toronto, ON, Canada: University of Toronto.

Brink, L. A. (2001). *"My guardian angel is working overtime": The health issues and life stories of six homeless women*. (Unpublished master's thesis). Spokane, WA: Gonzaga University.

Burlingham, B., Andrasik, M. P., Larimer, M., Marlatt, G. A., & Spigner, C. (2010). A house is not a home: A qualitative assessment of the life experiences of alcoholic homeless women. *Journal of Social Work Practice in the Addictions, 10*, 158-179. doi: 10.1080/15332561003741921

Carroll, J. J., & Trull, L. A. (1999). Homeless African American women's interpretations of child abuse as an antecedent of chemical dependence. *Early Child Development and Care, 155*, 1-16. doi: 10.1080/0030443991550101

Carroll, J. J., & Trull, L. A. (2002). Drug-dependent homeless African-American women's perspectives of life on the streets. *Journal of Ethnicity in Substance Abuse, 1*, 27-45. doi: 10.1300/J233v01n01_03

Centre for Reviews and Dissemination. (2009). *Systematic reviews: CRD's guidance for undertaking reviews in health care*. Retrieved from www.york.ac.uk/inst/crd/pdf/Systematic_Reviews.pdf

Connolly, D. R. (2000). *Homeless mothers: Face to face with women and poverty*. Minneapolis, MN: University of Minnesota.

Cook, M. A. (1995). Substance-abusing homeless mothers in treatment programs: A question of knowing. *Contemporary Drug Problems, 22*, 291-316.

Corbin, J., & Strauss, A. (2008). *Basics of qualitative research: Techniques and procedures for developing grounded theory*. Los Angeles: Sage.

D'Amico, E. J., Barnes, D., Gilbert, M. L., Ryan, G., & Wenzel, S. L. (2009). Developing a tripartite prevention program for impoverished young women transitioning to young adulthood: Addressing substance use, HIV risk, and victimization by intimate partners. *Journal of Prevention & Intervention in the Community, 37*, 112-128. doi: 10.1080/10852350902735726

Enriquez, M. P. (2005). *Health care accessibility for homeless women in Long Beach*, California. (Unpublished master's thesis). Long Beach: California State University.

Epel, E. S., Bandura, A., & Zimbardo, P. G. (1999). Escaping homelessness: The influences of self-efficacy and time perspective on coping with homelessness. *Journal of Applied Social Psychology, 29*, 575-596. doi: 10.1111/j.1559-1816.1999.tb01402.x

Finfgeld, D. L. (2003). Meta-synthesis: The state of the art—so far. *Qualitative Health Research, 13*, 893-904. doi: 10.1177/1049732303253462

Finfgeld-Connett, D. (2009a). Management of aggression among demented or brain-injured patients: A process of entering the patient's world. *Clinical Nursing Research, 18*, 272-287.

Finfgeld-Connett, D. (2009b). Model of therapeutic and nontherapeutic responses to patient aggression. Issues in *Mental Health Nursing, 30*, 530-537.

Finfgeld-Connett, D. (2010a). Becoming homeless, being homeless, and resolving homelessness among women. Issues in *Mental Health Nursing, 31,* 461-469.

Finfgeld-Connett, D. (2010b). Generalizability and transferability of meta-synthesis research findings. *Journal of Advanced Nursing, 66*, 246-254.

Finlay, L. (2002). "Outing" the researcher: The provenance, process, and practice of reflexivity. *Qualitative Health Research*, *12*, 531-545. doi: 10.1177/104973202129120052

Flores, C. (2006). *Domestic violence shelters: Changes and challenges*. (Unpublished master's thesis). Carbondale: Southern Illinois University.

Fogel, S. J. (1997). Moving along: An exploratory study of homeless women with children using a transitional housing program. *Journal of Sociology and Social Welfare, 24*, 113-133.

Gelberg, L., Browner, C. H., Lejano, E., & Arangua, L. (2004). Access to women's health care: A qualitative study of barriers perceived by homeless women. *Women & Health, 40*, 87-100. doi: 10.1300/J013v40n02_06

Gentry, Q. M. (2003). *Risk in the rough: An ethnographic inquiry of how poor*

African-American women who smoke crack reduce their risks for HIV-infection. (Unpublished doctoral dissertation). Atlanta: Georgia State University.

Geter, R. S. (1993). *Crack prostitution in Philadelphia: A career model.* (Unpublished doctoral dissertation). Philadelphia: University of Pennsylvania.

Gillette, S. C. (2001). *"Listen to their conversation very carefully": Homeless women talk about their health and AIDS prevention.* (Unpublished doctoral dissertation). Seattle: University of Washington.

Greene, J. A., Ball, K., Belcher, J. R., & McAlpine, C. (2003). Substance abuse, homelessness, developmental decision-making and spirituality: A women's health issue. *Journal of Social Work Practice in the Addictions, 3*, 39-56. doi: 10.1300/J160v03n01_04

Grella, C. (1994). Contrasting a shelter and day center for homeless mentally ill women: Four patterns of service use. *Community Mental Health Journal, 30*, 3-16. doi: 10.1007/BF02188871

Hatton, D. C. (2001). Homeless women's access to health services: A study of social networks and managed care in the US. *Women & Health, 33*, 167-181. doi: 10.1300/J013v33n03_10

Hatton, D. C., Kleffel, D., Bennett, S., & Gaffrey, E. A. N. (2001). Homeless women and children's access to health care: A paradox. *Journal of Community Health Nursing, 18*, 25-34. doi: 10.1207/S15327655JCHN1801_03

Haydon, E. (2005). *Homemaking/making home: The domestic lives of women living in poverty and using illicit drugs.* (Unpublished master's thesis). Toronto, ON, Canada: University of Toronto.

Hill, R. P. (1991). Homeless women, special possessions, and the meaning of "home": An ethnographic case study. *Journal of Consumer Research, 18*, 298-310.

Huey, L., & Quirouette, M. (2010). "Any girl can call the cops, no problem": The influence of gender on support for the decision to report criminal victimization within homeless communities. *British Journal of Criminology, 50*, 278-295. doi: 10.1093/bjc/azp078

Human Resources and Skills Development Canada. (2010). *The homeless partnering strategy.* Retrieved from www.hrsdc.gc.ca/eng/homelessness/index.shtml

Intraspec.ca. (2010). *Homeless in Canada*. Retrieved from http://intraspec.ca/homeless-Canada.php#PRB08-30E

Kissman, K. (1999). Time out from stress: Camp program and parenting groups for homeless mothers. *Contemporary Family Therapy, 21*, 373-384. doi: 10.1023/A:1021964416412

Liebow, E. (1993). *Tell them who I am: The lives of homeless women*. New York: Free Press.

Lincoln, Y. S., & Guba, E. G. (1985). *Naturalistic inquiry*. Newbury Park, CA: Sage.

Lindsey, E. W. (1997). The process of restabilization for mother-headed homeless families: How social workers can help. *Journal of Family Social Work, 2*, 49-72. doi: 10.1300/J039v02n03_05

Lineberger, K. A. (2009). *Unfortunate choices: "Risk in the lives of street-level sex workers and non-sex working streetwise women."* (Unpublished doctoral dissertation). Denver: University of Colorado.

Luhrmann, T. M. (2008). "The street will drive you crazy": Why homeless psychotic women in the institutional circuit in the United States often say no to offers of help. *American Journal of Psychiatry, 165*, 15-20. doi: 10.1176/appi.ajp.2007.07071166

Magee, C., & Huriaux, E. (2008). Ladies' night: Evaluating a drop-in programme for homeless marginally housed women in San Francisco's mission district. *International Journal of Drug Policy, 19*, 113-121. doi: 10.1016/j.drugpo.2007.11.009

Marcus, W. S. (2001). *Tracing bitter roots of personal violation and social displacement: A comparative phenomenological study of the life histories of homeless mothers and their dependent children*. (Unpublished doctoral dissertation). Buffalo: State University of New York.

Miles, M. B., & Huberman, A. M. (1994). *Qualitative data analysis* (2nd ed.). Thousand Oaks, CA: Sage.

Montgomery, P., McCauley, K., & Bailey, P. H. (2009). Homelessness, a state of mind? A discourse analysis. *Issues in Mental Health Nursing, 30*, 624-630. doi: 10.1080/01612840903046339

National Coalition for the Homeless. (2009). *Why are people homeless?* Retrieved from www.nationalhomeless.org/factsheets/why.html

Noblit, G. W., & Hare, R. D. (1988). *Meta-ethnography: Synthesizing qualitative studies*. Newbury Park, CA: Sage.

O'Campo, P., Kirst, M., Schaefer-McDaniel, N., Firestone, M., Scott, A., & McShane, K. (2009). Community-based services for homeless adults experiencing concurrent mental health and substance use disorders: A realist approach to synthesizing evidence. *Journal of Urban Health: Bulletin of the New York Academy of Medicine, 86,* 965-989. doi: 10.1007/s11524-009-9392-1

Padgett, D. K., Hawkins, R. L., Abrams, C., & Davis, A. (2006). In their own words: Trauma and substance abuse in the lives of formerly homeless women with serious mental illness. *Psychological Assessment, 76*, 461-467. doi: 10.1037/1040-3590.76.4.461

Patterson, W. A. (2003). *Substance abuse treatment profiling: A case study of the St. Jude Women's Recovery Center*. (Unpublished doctoral dissertation). Louisville, KY: University of Louisville.

Pawson, R. (2006). Digging for nuggets: How "bad" research can yield "good" evidence. *International Journal of Social Research Methodology, 9*, 127-142. doi: 10.1080/13645570600595314

Schretzman, M. K. (1999). *Voices of successful women: Graduates of a residential treatment program for homeless addicted women with their children*. (Unpublished doctoral dissertation). New York: The City University of New York.

Strauss, A., & Corbin, J. (1990). *Basics of qualitative research: Grounded theory procedures and techniques*. Newbury Park, CA: Sage.

Substance Abuse and Mental Health Services Administration. (2004). Characteristics of homeless female admissions to substance abuse treatment: 2002. *The DASIS Report*. Retrieved from www.oas.samhsa.gov/2k4/femHomeless/femHomeless.pdf

Substance Abuse and Mental Health Services Administration. (2011). *Current statistics on the prevalence and characteristics of people experiencing homelessness in the United States*. Department of Health and Human Services. Retrieved from http://homeless.samhsa.gov/ResourceFiles/hrc_factsheet.pdf

Sysko, H. B. (2002). *A study of homeless mothers in transition from shelter to stable housing.* (Unpublished doctoral dissertation). Pittsburgh, PA: University of Pittsburgh.

Thorne, S., Jensen, L., Kearney, M. H., Noblit, G., & Sandelowski, M. (2004). Qualitative meta-synthesis: Reflections on methodological orientation and ideological agenda. *Qualitative Health Research, 14*, 1342-1365. doi: 10.1177/1049732304269888

Torchalla, I., Strehlau, V., Li, K., & Krausz, M. (2011). Substance use and predictors of substance dependence in homeless women. *Drug and Alcohol Dependence, 118*(2-3), 173-179.

Trickett, E. M., & Chung, D. (2007). Brickbats and bouquets: Health services, community and police attitudes and the homeless experiences of women 45 years and over living in rural South Australia. *Rural Social Work and Community Practice, 12*, 5-15.

Urbanoski, K. H. (2001). *Counselling in shelters for Aboriginal women.* (Unpublished master's thesis). Calgary, AB, Canada: University of Calgary.

Wenzel, S. L., D'Amico, E. J., Barnes, D., & Gilbert, M. L. (2009). A pilot of a tripartite prevention program for homeless young women in the transition to adulthood. *Women's Health Issues, 19*, 193-201. doi: 10.1016/j.whi.2009.01.005

Wheeler, C. A. (2006). *The needs and challenges of homeless families with children as perceived by homeless-service agencies.* (Unpublished doctoral dissertation). Indianapolis: Indiana University.

Williams, J. C. (2003). *"A roof over my head": Homeless women and the shelter industry.* Boulder: University Press of Colorado.

Woods-Brown, L. Y. (2001). *Ethnographic study of homeless mentally ill persons: Single adult homeless and homeless families.* (Unpublished doctoral dissertation). Tampa: University of South Florida.

약력

데보라 핀프겔드-코넷(Deborah Finfgeld-Connett)(PhD, PMHCNS-BC)은 미국 미주리주 컬럼비아에 위치한 미주리 대학교 신클레어 간호대학(Sinclair School of Nursing)의 부교수이다.

티나 L. 블룸(Tina L. Bloom)(RN, MPH, PhD)은 미국 미주리주 컬럼비아에 위치한 미주리 대학교 신클레어 간호대학(Sinclair School of Nursing)의 조교수이다.

E. 다이앤 존슨(E. Diane Johnson)(MLS)은 미국 미주리주 컬럼비아에 위치한 미주리 대학교 J. Otto Lottes 보건과학 도서관의 정보 서비스 및 자원 부서의 부책임자이다.

북미 원주민의 친밀한 파트너 폭력에 대한 질적 체계적 문헌고찰

부록 3

북미 원주민의 친밀한 파트너 폭력에 대한 질적 체계적 문헌고찰[주1]

데보라 핀프겔드 – 코넷(Deborah Finfgeld-Connett)

　　미국에는 약 520만 명의 단일 또는 혼합 인종의 북미 원주민이 있으며, 캐나다에는 약 150만 명의 원주민이 거주하고 있다. 두 나라 모두 원주민 인구가 전체 인구보다 훨씬 빠르게 증가하고 있으며(Norris, Vines, & Hoeffel, 2012; Statistics Canada, 2011), 특히, 원주민 사회 내 가정 폭력은 매우 심각한 문제로 인식되고 있다(Bachman, Zaykowski, Kalmyer, Poteyeva, & Lanier, 2008; Crossland, Palmer, & Brooks, 2013; Sinha, 2013).

　　아메리카 원주민과 캐나다 원주민 사이에서 친밀한 파트너 폭력(IPV)의 비율은 신고 부족과 방법론적 한계로 인해 정확히 추정하기 어렵다. 그럼에도 불구하고, 전문가들은 아메리카 원주민과 캐나다 원주민(이하 북미 원주민으로 통칭함)의 IPV 발생률이 다른 인종 집단보다 더 높다는 데 동의하고 있다(Bachman et al., 2008; Crossland et al., 2013; Sinha, 2013). 미국 내에서만 북미 원주민 여성의 37.5%가 일생 동안 IPV를 경험한 것으로 추정되며, 이는 흑인 여성의 29.1%, 백인 여성의 24.8%, 아시아 여성의 15.0%와 비교된다(Tjaden & Thoennes, 2000).

　　IPV 문제는 부당한 역사적 사건, 문화적 속성, 억압, 약물 남용 등 여러 요인과 연관되어 있다. 이러한 연관성에도 불구하고, 효과적인 예방과 개입 전략을 파악하는 것은 여전히 어려우며, 이를 위한 더 깊은 이해가 필요하다는 요구가 지속되고 있다. 특히, 북미 원주민의 경험과 관점을 충분히 반영한 예방 및 개입 전략이 필요하다는 주장이 지속적으로 제기되고 있다 (Bachman et al., 2008; Bopp, Bopp, & Lane, 2003; Crossland et al., 2013; Wahab & Olson).

현재까지 북미 원주민 사이에서 발생하는 IPV와 그 해결책을 포괄적으로 이해하기 위한 질적 체계적 문헌고찰(qualitative systematic review [QSR])은 알려진 바가 없다. QSR 방법은 개별 질적 연구 결과를 통합하여 특정 문화 집단에 대한 이해를 높이는 데 이상적이다. 이러한 이유로 QSR 연구 결과는 북미 원주민의 IPV를 효과적으로 예방하고 해결하는 데 필요한 새로운 종합적인 통찰을 제공할 가능성이 있다.

특히, 본 QSR의 목적은 북미 원주민 사이에서 발생하는 IPV에 영향을 미치는 요인을 깊이 이해하고, 북미 원주민이 받아들일 수 있고 실질적으로 도움이 된다고 여기는 서비스 유형을 명확히 파악하는 데 있다. 본 연구의 질문은 다음과 같다. 1. 북미 원주민 사이에서 IPV에 영향을 미치는 역사적 및 상황적 요인은 무엇인가? 2. IPV를 예방하거나 해결하는 데 활용되는 전략의 효과에 영향을 미치는 요인은 무엇인가? 3. 지원 전략을 어떻게 최적화할 수 있는가?

연구 방법

본 연구는 QSR을 수행하기 위해 데보라 핀프겔드-코넷(2014a, 2014b)과 핀프겔드-코넷 및 존슨(2013b)이 제시한 방법을 사용하였다. QSR 방법은 근거이론(Corbin & Strauss, 2008)을 기반으로 하여, 데이터 분석, 해석 및 연구 결과 제시를 요소나 개념 간의 관계 체계(process framework)를 고려해 진행하였다.

표본

표본은 IPV와 북미 원주민을 주제로 하며 질적 연구 결과를 포함하는 연구물들로 구성되었다. 연구의 목적을 달성하기 위해, 본 연구는 북미 원주민을 현재 캐나다와 미국에 거주하는 원주민의 후손으로 정의하였다.

본 연구에서는 가정 폭력, 친밀한 파트너 폭력, 토착 원주민(indigenous Americans), 북미 원주민, 질적 연구, 인터뷰 등의 키워드를 사용하여 CINAHL, GenderWatch, PubMed, Social Services Abstracts, Social Work Abstracts를 포함한 여러 전자 데이터베이스를 검색하였다. 이 검색을 통해 58개의 참고문헌이 잠정적으로 포함 대상에 해당하는 것으로 확인되었으며, 이 자료들은 EndNote에 다운로드하였다. 이후 연구물의 초록을 검토하여 연구 보고서가 아니거나 질적 결과가 포함되지 않은 문헌은 제외하였다. 1차 필터링을 완료한 후, 총 17개의 연구물이 선정되었다.

면밀히 검토한 결과, 4개의 문헌은 질적 연구물에 해당하지 않았고, 1개의 문헌은 주제와 관련이 없다고 판단되어 제외하였다. 따라서 12편의 연구물이 선정되었으며, Scopus 데이터베이스를 사용하여 이 12편의 연구물에 인용된 문헌들을 추가로 확인하였다. 그 결과, 본 연구의 포함 기준(inclusion criteria)을 충족하는 추가 연구물 1편이 확인되어 최종 연구물의 수는 총 13편(동료 심사 논문 12편, 학위 논문 1편)이 되었다(표 A3.1 참조).

데이터 추출 및 분석

본 연구가 설정한 요건을 갖춘 연구물은 다운로드하여 디지털 형식으로 저장하였다. 연구물을 주의 깊게 읽으면서, 연구 속성을 보여주는 내용을 강조 표시하고 이를 추출하여 표로 정리하였다. 본 연구에서 주목하는 연구 속성은 연구 목적, 이론적 틀, 연구 장소, 표본의 출처, 표본과 연구 방법 등이다.

데이터 분석의 틀(framework)을 개발하기 위해 질적 연구 결과를 추출하여 표로 정리하였다. 표의 행은 연구물을 기준으로 구분하고, 열은 코드와 범주를 기준으로 정렬하였다. 각 행렬의 본문에는 해당 연구물의 데이터 즉, 질적 연구 결과를 채워 넣었다. 안정적인 코딩과 범주화가 가능하고 포화 상태에 도달할 때까지 코드와 범주는 유동적이었다. 코드와 범주가 점차 축소됨에 따라, 코드화된 데이터를 충분히 설명하고 개념 간의 관계를 성찰적으로 검토 및 설명하기 위해 메모를 작성하였다.

메모 작성 과정에서 개념들 사이의 가설적 상호 연관성을 보다 명확하게 설명하기 위해 그림을 작성하였다. 모형 내 관계가 명확해짐에 따라 그림은 계속 수정되었다. 최종적으로, 경험적 근거를 바탕으로 요소 간의 주요 연결과 상호 연관성을 설명할 수 있는 완성된 그림이 작성되었다(그림 A3.1 참조).

타당성

여러 1차 연구 결과를 종합한 결과, 여러 형태의 다각화 방식이 나타났다. 본 연구의 QSR 데이터베이스를 구성하는 원자료, 즉 질적 연구 결과는 여러 이론적 틀(예: 비판 이론, 페미니스트 이론, 현상학, 근거이론)과 연구 방법(예: 데이터 수집, 분석)을 사용하여 많은 연구자에 의해 생성되었다. 이를 고려할 때, 연구자 다각화, 이론적 다각화, 방법론적 다각화 모두 달성되었다고 볼 수 있다(Finfgeld, 2003).

본 연구의 QSR 타당성은 다음과 같은 전략들을 사용하여 더욱 향상되었다. 원자료가 연구 데이터베이스의 다른 결과로 포화되지 않거나 적합성 기준을 충족하지 않는 경우 보류되었다. 원자료는 포화 여부와 관계없이 가설적 속성이나 새로운 모형 내의 상호 연관성을 정의하는 데 도움이 되었으며, 가설적 속성 또는 상호 연관성에 대한 다른 합리적인 설명이 없는 경우에는 적합성 기준(criterion of fit)을 충족한 것으로 판단하였다(Finfgeld-Connett, 2014b; Morse, 2015; Morse & Singleton, 2001). 본 연구의 QSR 표본으로 사용된 연구물은 다음의 세 가지 이유로 전체적인 질적 평가를 하지 않았다. 첫째, 연구물의 질을 평가할 수 있는 경험적으로 검증된 도구가 존재하지 않는다. 둘째, 연구를 수행하는 데 활용되는 실제 연구 프로세스가 항상 서면(written reports)으로 완전히 제시되는 것은 아니기 때문에 불완전하거나 편향된 평가가 발생할 수 있다. 셋째, 연구물의 질을 평가하는 과정에서 질적 평가에 따라 연구물을 제외하는 경우는 거의 없다(Finfgeld-Connett, 2014b; Sandelowski & Barroso, 2002).

표 A3.1 표본 추출 과정

단계	결과 (+/−)	연구물 집계
다음 데이터베이스를 사용하여 IPV 및 북미 원주민과 관련된 질적 연구 결과를 포함하는 문서를 검색하였음		
• CINAHL • GenderWatch • PubMed • Social Services 초록 • Social Work 초록	+58	58
다음 제외 기준을 사용하여 초록/문서를 선별하였음		
• 비연구물 • 질적 연구 결과가 부족한 연구물 • 주제와 관련 없는 연물	−46	12
• Scopus 인용 기능을 사용한 문서 검색	+1	13

연구 결과

연구물 표본의 속성

본 연구의 QSR 데이터베이스를 구성하는 연구물은 간호, 사회복지사업(social work), 가족 연구, 형사 사법, 공중 보건, 의학, 심리학 등 여러 학문 분야에서 수행되었다. 각 질적 연구의 목적은 매우 광범위했으며, IPV의 다양한 측면과 북미 원주민 사이에서의 해결책을 질적 연구 방식으로 탐구하는 데 중점을 두었다. 또한, 이 연구물은 비판 이론, 페미니스트 이론, 근거이론, 문화기술지, 하이데거의 해석학적 현상학(Heideggerian hermeneutic phenomenology) 등 다양한 해석학적 및 방법론적 틀을 활용하였다. 그러나 네 편의 연구물에서는 연구의 방향을 설정하고 데이터를 해석하는 데 지침이 되는 이론적 틀(guiding framework)이 명확하게 언급되지 않았다.

네 편의 연구는 캐나다에서 수행되었고, 나머지는 미국에서 이루어졌다. 연구 표본은 북미 원주민 여성, 북미 원주민 커뮤니티 구성원, 의료 전문가, 사회복지 서비스 제공자, 형사 사법 제도 대표들로 구성되었다. 두 연구물의 일부 데이터는 중복되는 것으로 나타났으며(Burnette, 2013; Burnette & Cannon, 2014), 데이터는 주로 개인 인터뷰, 참여자 관찰, 포커스 그룹, 서면 설문지를 통해 수집되었고, 다양한 코딩 및 범주화 방법을 사용해 분석되었다.

질적 연구 결과의 개요

북미 원주민의 전통적인 생활 방식과 대처 방식의 약화는 비타협적인 IPV를 조장하는 요인으로 작용할 수 있다. 복합적인 IPV는 가정 내 깊이 뿌리내리고 억압되어 잘 드러나지 않는다. 위기 상황에서 피해자는 어쩔 수 없이 도움을 요청하지만, 이러한 노력은 때때로 서비스 기관에 의해 복잡해지기도 한다. 반면, 복지기관의 담당자가 북미 원주민 문화 내에서 신뢰를 구축하고, 문화적 강점을 활용하면서 맞춤형 서비스를 제공할 때, IPV를 해결하려는 노력은 더욱 강화된다.

원주민 생활 방식의 약화로 인한 IPV

북미 원주민 사이의 친밀한 파트너 폭력은 역사적 맥락 속에 자리 잡고 있다. 북미 원주민들은 대륙이 식민지화된 이후 인종차별, 억압, 강제

이주, 상실 등 삶의 안정성을 위협하는 다양한 형태의 억압을 경험했다 (Burnette, 2013; Dylan, Regehr, & Alaggia, 2008; Jones, 2008; McKeown, Reid, & Orr, 2004; Murphy, Lemire, & Wisman, 2009). 더 나아가, 원주민 사회 구조와 전통은 서서히 침식되어 북미 원주민의 생활 방식과 세계관과는 양립하기 어려운 경제, 교육, 사회, 언어, 종교, 정부 시스템으로 대체되었다(Burnette, 2013; Dylan et al., 2008). 이러한 억압적인 변화로 인해, 북미 원주민 남성 과 여성의 전통적인 역할과 책임은 돌이킬 수 없을 정도로 변질되었으며, 대인 관계에서 존경과 존중을 표현하는 관습도 훼손되었다(Burnette, 2013; Matamonasa-Bennett, 2013). 또한, 식민지화 이후 다양한 형태의 사회적 압 박은 빈곤, 실업, 약물 남용, 폭력 등을 야기하였다(Dalla, Marchetti, Sechrest, & White, 2010; Jones, 2008; McKeown et al., 2004; Murphy et al., 2009).

식민지화 이전, 북미 원주민 사회는 전통적인 가치와 윤리가 강하게 자리 잡고 있었고, 술을 마시지 않았기 때문에 IPV는 매우 드물었다. 또한, IPV가 발생하더라도 부족 원로와 대가족 구성원들이 갈등을 중재하고 여 성을 보호하는 역할을 담당했다(Burnette, 2013; Matamonasa-Bennett, 2013).

가정 내에서 고착화되고 억압되는 IPV

북미 원주민 문화 내의 IPV는 가부장적 지배를 특징으로 하는 신체 적·심리적 학대를 포함한다. 이러한 학대는 위협, 조종(manipulation), 신체 적·심리적·재정적 통제의 형태로 나타난다(Burnette, 2013; Jones, 2008). IPV 에는 종종 알코올과 약물 사용이 동반되며(Bletzer & Koss, 2004; Matamonasa-Bennett, 2013), 상호 학대 가능성도 배제할 수 없다(Matamonasa-Bennett, 2013). 여러 세대에 걸친 IPV는 흔히 발생하며, 학대는 가족 구성원 모두에 게 영향을 미친다(Jones, 2008; McKeown et al., 2004). 학대는 시간이 지나면 서 일상화되고, 단결된 가족들은 불안정한 상황에서도 생존 방법을 터득하 게 된다(Austin, Gallop, McCay, Peternelj-Taylor, & Bayer, 1999; Burnette, 2013; Burnette & Cannon, 2014; Matamonasa-Bennett, 2013; Murphy et al., 2009).

가정에서 여성은 종종 남성의 역할과 책임을 맡는 경우가 많으며, 가부장적 규범이 강요되더라도 많은 부족 남성들은 가족 복지에 크게 기여하지 않는 것으로 보인다. 할머니는 다세대 가족의 중심 역할을 하며, 전통적인 가치와 관습을 유지하는 데 중요한 역할을 한다(Burnette, 2013; Burnette & Cannon, 2014).

IPV는 다양한 방식으로 북미 원주민 아동에게 영향을 미치며, 어린 시절에 IPV를 목격하는 것만으로도 불안, 외상 후 스트레스 장애, 수면 문제, 자존감 저하, 우울증, 자살 시도 등의 장기적인 문제로 이어질 수 있다(Burnette, 2013; Burnette & Cannon, 2014). IPV가 지속되는 동안 부모와 자녀 간의 충성심(loyalties)과 경계[1]가 모호해지면서(Jones, 2008), 일부 아동은 학대 행위를 모방하게 된다(Burnette, 2013; Burnette & Cannon, 2014; Dalla et al., 2010). 다른 경우에는 자녀가 어머니를 보호하려고 노력하기도 한다(Jones, 2008).

가정 내 IPV의 결과로, 가족 복지 기구(family service)는 일부 북미 원주민 아동을 다른 곳으로 보내게 된다. 어떤 아이들은 화를 내고 분노하며 가출하기도 한다(McKeown et al., 2004). 성관계와 약물 남용은 일부 청소년에게 일시적인 위안을 주지만, 결국 이러한 대처 방식은 조기 임신, 성병, 낮은 학업 성취도, 실직, IPV, 분열된 가족의 패턴을 야기하기 쉽다(Burnette, 2013; Burnette & Cannon, 2014; Matamonasa-Bennett, 2013; McKeown et al., 2004).

북미 원주민 사회에서는 가족의 결속을 매우 중요하게 여기며(Burnette, 2013), 가까운 지인들은 수치심, 죄책감, 가해자의 보복을 우려하여 IPV를 즉각적으로 고발하는 것을 꺼리는 경향이 있다(Austin et al., 1999; Jones, 2008; McKeown et al., 2004). 이러한 이유로, 부족 공동체 내에 잘 발달된 의

---

1 **역자주**: 부모가 자녀를 정성스럽게 양육함으로써 자녀들은 부모를 신뢰하고, 사랑하는 마음을 갖게 된다. 부모와 자녀 간 관계 영역은 경계 지을 수 있으며, 관계 영역 속에서 자녀는 부모에 대한 충성심을 지닌다.

사소통 네트워크가 있음에도 불구하고(Jones, 2008), IPV는 종종 무시된다(McKeown et al., 2004).

IPV는 주로 남성에 의해 발생하지만, 많은 여성들은 자신에게 잘못이 있다고 생각하고(Burnette, 2013) 자신을 비난하며 자신의 상황을 숨기는 경향이 있다(Jones, 2008; McKeown et al., 2004). 수치심과 죄책감, 가해자의 보복을 피하기 위해 여성은 가정에 남아 상황이 나아지기를 바란다(Bletzer & Koss, 2004; Burnette, 2013; Jones, 2008). 시간이 지나면서 이러한 제한된 환경은 우울증과 같은 정신 건강 문제를 유발하고, 그 결과 IPV는 더욱 악화된다(McKeown et al., 2004). 이러한 문제들은 때로는 북미 원주민이 IPV를 극복할 동기나 희망을 잃은 것처럼 보이는 이유를 설명하기도 한다(Jones, 2008).

완전한 절망에 빠지지 않기 위해 북미 원주민 여성은 내면의 정신적 힘과 용기를 키운다. 그들은 집안에 머무르면서도 자신과 파트너 사이에 신체적·심리적 거리를 두는 법을 배운다(Murphy et al., 2009; Murphy, Risley-Curtiss, & Gerdes, 2003). 그러나 결국 그들은 위기에 직면하게 되고, 자신과 자녀의 정신적, 육체적 건강을 지키기 위해 조치를 취할 수밖에 없게 된다. 자신의 상황을 개선하려는 결심을 통해 여성은 IPV를 끝내기 위한 결단력 있는 조치를 취하기 시작하지만(Murphy et al., 2003, 2009), 사회 기관의 장벽들이 여성들의 노력을 방해하는 경우가 많다.

사회 기관들과 관련된 장벽들

형사사법제도

많은 북미 원주민 여성은 외딴 지역에 거주하고 있으며, 경찰의 대응이 너무 늦어 실질적인 도움이 되지 않는다고 인식하고 있다(Dalla et al., 2010; Jones, 2008). 경찰이 가까이 있더라도, 원주민 여성은 경찰이 무관심하거나 제대로 대응하지 않는다고 생각한다(Dylan et al., 2008; Murphy et al.,

2009). 이러한 방임적 태도는 인종차별에서 비롯된 것이라는 지적이 있지만 (Burnette, 2013; Dylan et al., 2008), 결속된 부족 공동체에서는 이해 충돌로 인해 처벌과 재활을 강제하기 어렵다는 점도 문제로 제기된다(Burnette, 2013).

일부 북미 원주민 여성은 형사사법제도 내의 공무원들이 도움이 된다고 생각하지만, 많은 여성들은 자신에게 제공된 정보가 부적절하거나 부정확하다고 느끼며, 사법제도에서 사용되는 언어나 절차(protocols)를 이해하기 어렵다고 주장한다(Dylan et al., 2008; Murphy et al., 2009). 일부 여성들은 법정에서 2차 피해를 경험하기도 하지만, 자신의 피해 경험이 인정되거나 가해자가 징역형을 선고받게 되면 정당함을 느끼기도 한다(Dylan et al., 2008).

사회복지와 보건의료 제도

북미 원주민은 사회복지 기관이나 보건의료 제도를 통해 도움을 쉽게 받을 수 있다는 생각을 항상 하지 않는다(Austin et al., 1999; Dylan et al., 2008; Jones, 2008). 더군다나, 원주민들은 도움을 받을 수 있는 상황에서도 간섭, 비판, 부당한 대우에 대한 두려움 때문에 사회복지와 보건의료 서비스 이용을 꺼린다(Austin et al., 1999; Jones, 2008). 또한, 언어 장벽으로 인해 사회복지와 보건의료 서비스 지원을 받는 데 어려움을 겪는 상황을 두려워한다(Austin et al., 1999).

많은 북미 원주민은 어린 시절 위탁 보호 기관에서 겪은 피해 경험으로 인해 서비스 기관을 기피하는 경향이 있다. 성인이 된 후에도 자녀가 같은 방식으로 대우받을까 봐 두려워하며(Burnett, 2013), 정신 건강 관리 시스템에서 기밀 유지가 제대로 이루어지지 않을까 우려하는 경우가 여전히 많다. 또한, 단순히 과거의 경험을 반복해서 이야기하는 것이 큰 도움이 되지 않는다고 생각한다(Burnette, 2013; Dalla et al., 2010).

북미 원주민 문화 안에서 IPV 해결을 위한 방법

신뢰 구축

북미 원주민 공동체 내에서의 IPV는 북미 원주민의 역사와 문화를 깊이 이해하는 서비스 제공자들의 포괄적인 대응이 필요한 복잡한 문제이다. 서비스 제공자에게 이러한 통찰력이 없으면 신뢰를 구축하기 어렵고, 북미 원주민 여성들은 소외될 수 있다(Austin et al., 1999; Burnette, 2013; Jones, 2008).

신뢰 구축의 기본이 되는 문화적 지식에는 부족 지도자가 내부 갈등의 중재자 역할을 하는 것을 포함하여 북미 원주민 통치 구조 및 의사결정 체계에 대한 통찰이 포함된다(Austin et al., 1999; Matamonasa-Bennett, 2013). 또한, 가정 문제를 관리하는 데 있어서 여성과 친척의 역할, 정신적 치유 과정에서 영성이 미치는 영향도 중요하다. 대인 관계에서 서비스 제공자는 직접적인 눈 맞춤을 피하고 침묵을 존중하는 등 북미 원주민의 관습을 준수해야 한다. 또한, 민감하고 기밀이 요구되는 문제를 논의할 때, 제3자의 개입이 어려움을 초래할 수 있더라도 통역사를 활용하는 것이 필요하다(Austin et al., 1999).

또한, 서비스 제공자는 북미 원주민과의 치료적 상호작용에 장애가 될 수 있는 자신의 기본 관점과 편견을 인식하는 것이 중요하다. 예를 들어, 서비스 제공자는 부족 지도자가 제공하는 지침과 상충될 수 있는 페미니스트 관점 등을 알고 있어야 한다(Austin et al., 1999).

문화적인 강점의 활용

서비스 제공자는 북미 원주민 문화의 강점을 활용하여 IPV 문제 해결을 촉진하는 방안을 모색해야 한다. 북미 원주민과 같은 폐쇄적인 공동체는 IPV 문제를 외부에 알리는 것을 꺼리는 경향이 있지만(Jones, 2008), 동시에 내부에서 변화를 일으킬 수 있는 잠재력도 가지고 있다. 외부인을 완전히 신뢰하지 않거나(Burnette, 2013; Jones, 2008; Matamonasa-Bennett, 2013),

언어 장벽이 문제가 되는 상황에서는(Austin et al., 1999) 북미 원주민 공동체 내부에서 변화를 촉진하는 접근법이 특히 효과적일 수 있다.

북미 원주민 공동체 내에서 IPV의 발생률이 높음에도 불구하고, 원주민들은 IPV를 문화적으로 적절하거나 용인할 수 있는 것으로 생각하지 않는다(Austin et al., 1999). 또한, 북미 원주민 여성과 남성은 공동체 내에서 IPV에 대한 교육을 지지하며(Jones, 2008), 비폭력적인 공동체를 형성하기 위해 부족의 가치와 규범을 재구성하는 데 개방적이다(Burnette, 2013; Matamonasa-Bennett, 2013). 이들은 부족 지도자들이 그들의 문화적 영향력 범위 내에서 문제를 관리하고 해결하는 데 적극적인 역할을 하기를 기대한다(Matamonasa-Bennett, 2013).

북미 원주민들은 지배적인 문화 속에서 효과적으로 기능하는 능력을 중요하게 여기면서도(Burnett, 2013), 비폭력적인 환경, 건전한 대처 방법, 자율성, 자제력, 자존감을 증진할 수 있는 문화적 전통의 부활도 지지하고 있다. 기도와 오두막에서 땀을 흘리는 의식(sweat lodge)[2]과 같은 북미 원주민의 영적 의식은 전통적인 지적·예술적 프로젝트 참여와 함께 유익한 관행으로 여겨진다. 또한, 스토리텔링과 같은 원주민의 의사소통 방식과 대화 모임(talking circle)[3]을 통해 평등을 중시하는 리더십 방식으로의 회귀는 부적응적인 권력과 통제의 역학(dynamics)을 변화시키는 방법으로 생각되고 있다(Burnette, 2013; Matamonasa-Bennett, 2013; Murphy et al., 2003).

북미 원주민은 공동체에 부정적인 영향을 미치고 IPV를 악화시키는 만연한 스트레스 요인의 근절을 지지한다. 스트레스 요인으로는 약물 남용, 직장 및 재정적 불안정, 문맹, 건전한 여가 활동의 부족 등이 있으며, 이러한 요인들은 정신 건강 문제와 관련이 있다(Austin et al., 1999; Burnette,

---

2 **역자주**: 천연 재료로 만들어진 돔 모양의 오두막으로 북미 원주민들은 이곳에서 땀을 흘리면서 영적인 정화 의식을 진행한다.
3 **역자주**: 대화 모임은 아메리카 중서부 부족의 고유한 전통으로써 참가자들 간 평등과 권력의 공유 원칙에 따라 대화가 진행된다.

2013; Jones, 2008; Matamonasa-Bennett, 2013). 또한, 북미 원주민은 공공 안전, 영양, 주거 개선을 위한 프로그램을 지지하며, 환경의 질, 외관, 분위기를 개선하려는 노력도 장려하고 있다(Burnett, 2013).

맞춤 서비스

북미 원주민 공동체 내에도 강점이 있지만, 원주민 여성들은 IPV를 극복하기 위해 때로는 외부 서비스의 도움을 필요로 한다. 그러나 많은 북미 원주민 여성들이 고립된 시골 지역에 거주하고 있어 이러한 서비스를 이용하기가 어렵다. 이는 위기 상황에서 외부 서비스 제공자의 시의 적절한 대응이 매우 중요함을 의미한다. 또한, 북미 원주민들이 외부 서비스를 받기 어려운 경우, 이들의 문화를 고려한 긴급 지원과 가족 재활 서비스를 이용할 수 있도록 교통편 제공의 필요성도 제기된다(Burnette, 2013; Dylan et al., 2008; Jones, 2008).

프로그램으로는 알코올 및 약물 남용 치료 프로그램(Jones, 2008), 육아 교실(Burnette, 2013; Jones, 2008) 등 다양한 협력 커뮤니티 서비스가 요구된다. 이러한 서비스의 효과를 높이기 위해, 원주민이 아닌 서비스 제공자도 대화 모임(talking circle)과 같은 전통적인 치유 관행을 치료 프로그램에 통합할 수 있어야 한다(Dylan et al., 2008).

원주민이 아닌 서비스 제공자가 원주민 문화에 익숙하지 않은 경우, 치료적 의사소통의 원칙(principles of therapeutic communication)[4]에 기초해야 한다. 또한, 북미 원주민 여성이 IPV를 극복하기 위해 사용하는 익숙한 전략들을 기억하는 것이 중요하다(Austin et al., 1999). 이러한 전략에는 긍정적인 사고 방식의 개발, 가해자와의 심리적 및 물리적 거리 두기, 그리고 한계 설정 등이 있다. 마음을 열고, 자신을 받아들이며, 실수로부터 배우는

---

4 역자주: 정신건강간호학에서 강조하고 있는 치료적 의사소통의 원칙으로는 경청, 공감, 반영(reflection), 명확화, 요약, 개방형 질문, 격려, 수용, 긍정적 강화, 비언어적 의사소통 등이 있다.

것도 핵심 전략이 될 수 있다. 마지막으로, 학교로 돌아가 학업을 이어가며 궁극적으로 다른 사람들을 돕는 것이 IPV 문제 해결의 중요한 요소가 될 수 있다(Burnette, 2013).

서비스 제공자는 사람들 간에 유사점이 있을지라도, 개인 간에는 중요한 차이점이 존재한다는 점을 인식해야 한다. 또한, 모든 IPV 사례는 그 해결을 위한 고유한 통찰력을 얻을 수 있는 기회로 보아야 한다(Austin et al., 1999). 예를 들어, 많은 부족에 빈곤이 만연한 것으로 인식되고 있지만, 일부 북미 원주민은 카지노에서 일하며 재산을 축적했다. 따라서 서비스 제공자들은 일부 여성들이 학대 상황에 계속 머무르는 이유 중 하나로, 돈이 일종의 보상 역할을 하고 있을 수 있다는 점을 염두에 두어야 한다(Jones, 2008).

논의

IPV는 북미 원주민 문화와 역사 속에서 깊이 뿌리내린 문제로 인식되지만, 이번 질적 체계적 문헌고찰에서 도출된 결과는 이러한 문제가 북미 원주민에게만 국한되지 않음을 시사한다. 남아시아계(Finfgeld-Connett & Johnson, 2013a)와 아프리카계 미국인(Finfgeld-Connett, 2015) 등 서구화된 국가 내의 다른 소수 민족 집단에서도 유사한 연구 결과가 발견되었다. 이들 집단에서 발견된 공통점에는 여러 세대에 걸친 IPV의 원인으로 작용하는 문화적 트라우마와 상실감이 있으며, 이러한 문제들은 가부장적 규범, 약물 남용, 결함 있는 관계를 유지하려는 노력 등과 같은 요인들에 의해 지속되고 있다. 모든 집단에서는 민족적 특성을 고려한 세심한 개입이 선호되며, 서비스 제공자는 도움을 제공하는 데 방해가 되는 지식 부족과 편견을 극복해야 한다.

일반화 가능한 증거 기반 지식(generalizable evidence-based knowledge)의 파악은 여러 문화권의 개인들이 IPV를 극복하는 데 있어서 기본이 된다.

그러나 지원 노력을 최적화하려면 상황별 통찰력도 필요하다(Tanenbaum, 2014; Thorne & Sawatzky, 2014). 구체적으로, 지원(care)을 최적화하는 과정에서는 상황에 기반한 문제의 식별(identifying context-based problems), 그림 A3.1에 설명된 것과 같은 증거 기반의 개입 모델 선택(selecting evidence-based intervention model), 특정 맥락에 맞는 모델의 수정, 결과 평가, 필요에 따라 추가적인 수정 등을 실시해야 한다(Samuels, Schudrich, & Altschul, 2008). 이러한 상황별 적응의 유형은 그림 A3.1의 음영 처리된 영역에 설명되어 있다.

이론적 모델을 특정 상황에 맞게 조정하는 것이 당연해 보일 수 있지만, 서비스 제공자는 점차 모델 기반의 개입(model-based interventions)에서 벗어나 이론과는 다소 거리가 있는 증거 기반 개입(evidence-based intervention)으로 전환하는 경향을 보이고 있다. 그 결과, 개입 전략은 포괄적인 모델이나 이론보다는 종합적인 알고리즘이나 지침에 기반하는 것이 점차 일반화되고 있다(Thorne & Sawatzky, 2014).

증거 기반 알고리즘과 지침에는 여러 장점이 있지만, 서비스 제공자가 이론이나 모델 대신 이러한 지침에만 전적으로 의존하는 경우 임상적 행동에 대한 이해가 다소 제한될 수 있다. 또한 그들은 개입의 이론적 근거에 대한 충분한 이해가 부족하기 때문에 개입에 대한 상황별 조정을 꺼릴 수 있다. 이러한 이유로 서비스 제공자는 다양한 집단 간의 IPV 개입 알고리즘과 지침을 뒷받침하는 증거 기반 이론적 모델에 대한 실무 지식을 갖추고 있어야 한다(Thorne & Sawatzky, 2014).

한계

여러 형태의 다각화, 포화, 적합성 등 타당성의 특징에도 불구하고, 그림 A3.1에 제시된 모델을 포함한 모든 심리·사회적 모델은 당시에 사용할 수 있는 증거와 그 증거를 해석하는 사회적 맥락에 의해 제한된다. 따라서,

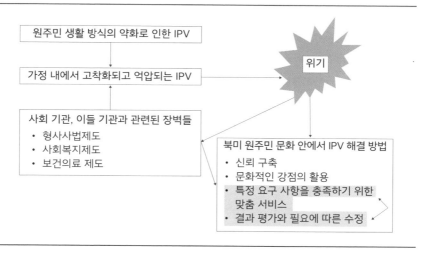

그림 A3.1 북미 원주민의 IPV 및 해결 방법

모든 심리·사회적 이론은 맥락에 따라 형성되며, 이러한 이론들에는 지속적인 평가와 개발이 필요하다.

결론

북미 원주민 가정은 여러 세대에 걸친 IPV에 힘겹게 맞서고 있으며, 그들의 문화적 생활 방식과 대처 방법을 상실하면서 상황이 더욱 악화되고 있다. IPV를 극복하기 위한 전략에는 신뢰를 구축하고, 문화적 강점을 활용해 서비스 접근에 대한 장벽을 낮추는 것이 포함된다. 또한, 서비스 제공자는 그림 A3.1에 제시된 것처럼 문화적으로 적합한 IPV 모델을 이론적 기반으로 삼아, 필요에 따라 상황에 맞게 조정해 나가야 한다.

이해관계 상충 선언

저자는 어떠한 이해 충돌이 없음을 보고한다. 이 논문의 내용과 작성에 대한 책임은 전적으로 저자에게 있다.

주

1 Finfgeld-Connett, Deborah, 'Qualitative Systematic Review of Intimate Partner Violence Among Native Americans', *Issues in Mental Health Nursing 36*, 2015, pp. 754-760. Taylor and Francis, 출판사의 허가를 받아 재인쇄함(Taylor & Francis Ltd, www. tandfonline.com).

참고 문헌

Austin, W., Gallop, R., McCay, E., Peternelj-Taylor, C., & Bayer, M. (1999). Culturally competent care for psychiatric clients who have a history of sexual abuse. *Clinical Nursing Research, 8*, 5-25.

Bachman, R., Zaykowski, H., Kallmyer, R., Poteyeva, M., & Lanier, C. (2008). Violence against American Indian and Alaska Native women and the criminal justice response: What is known. *U.S. Department of Justice*. Retrieved from www. ncjrs.gov/pdffiles1/ nij/grants/223691.pdf

Bletzer, K. V., & Koss, M. P. (2004). Narrative constructions of sexual violence as told by female rape survivors in three populations of the Southwestern United States: Scripts of coercion, scripts of consent. *Medical Anthropology, 23*, 113-156. doi: 10.1080/ 01459740490448911

Bopp, M., Bopp, J., & Lane, P. (2003). Aboriginal domestic violence in Canada. *Aboriginal Healing Foundation*. Retrieved from www.ahf.ca/downloads/ domestic-violence.pdf

Burnette, C. E. (2013). *Unraveling the web of intimate partner violence (IPV) with women from one Southeastern tribe: A critical ethnography*. (Doctoral dissertation). Retrieved from http://ir.uiowa.edu/cgi/viewcontent. cgi?article=4577&context=etd

Burnette, C. E., & Cannon, C. (2014). "It will always continue unless we can change something": Consequences of intimate partner violence for indigenous women, chil- dren, and families. *European Journal of Psychotraumatology, 5*. Retrieved from www.ejpt. net/index.php/ejpt/article/download/24585/pdf_1.

doi: 10.3402/ejpt.v5.24585

Corbin, J., & Strauss, A. (2008). *Basics of qualitative research: Techniques and procedures for developing grounded theory* (3rd ed.). Los Angeles, CA: Sage.

Crossland, C., Palmer, J., & Brooks, A. (2013). NIJ's program of research on violence against American Indian and Alaska Native women. *Violence Against Women, 19*, 771-790. doi: 10.1177/1077801213494706

Dalla, R., Marchetti, A., Sechrest, E., & White, J. (2010). "All the men here have the Peter Pan syndrome—they don't want to grow up": Navajo adolescent mothers' intimate partner relationships—a 15-year perspective. *Violence Against Women, 16*, 743-763. doi: 10.1177/1077801210374866

Dylan, A., Regehr, C., & Alaggia, R. (2008). And justice for all? Aboriginal victims of sexual violence. *Violence Against Women, 14*, 678-696. doi: 10.1177/1077801208317291

Finfgeld, D. L. (2003). Meta-synthesis: The state of the art—so far. *Qualitative Health Research, 13*, 893-904. doi: 10.1177/1049732303253462

Finfgeld-Connett, D. (2014a). Meta-synthesis findings: Potential versus reality. *Qualitative Health Research, 24*, 1581-1591. doi: 10.1177/1049732314548878

Finfgeld-Connett, D. (2014b). Use of content analysis to conduct knowledge-building and theory-generating qualitative systematic reviews. *Qualitative Research, 14*, 341-352. doi: 10.1177/1468794113481790

Finfgeld-Connett, D. (2015). Intimate partner violence and its resolution among African American women. *Global Qualitative Nursing Research*. Retrieved from http://gqn. sagepub.com/cgi/reprint/2/0/2333393614565182. pdf?ijkey=nm4isekj7vXn0Kd&key type=finite. doi: 10.1177/2333393614565182

Finfgeld-Connett, D., & Johnson, E. D. (2013a). Abused South Asian women in western- ized countries and their experiences seeking help. *Issues in Mental Health Nursing, 34*, 863-873. doi: 10.3109/01612840.2013.833318

Finfgeld-Connett, D., & Johnson, E. D. (2013b). Literature search strategies for conduct-ing knowledge-building and theory-generating qualitative systematic reviews. *Journal of Advanced Nursing, 69*, 194-204. doi: 10.1111/j.1365-2648.2012.06037.x

Jones, L. (2008). The distinctive characteristics and needs of domestic violence victims in a Native American community. *Journal of Family Violence, 23*, 113-118. doi: 10.1007/ s10896-007-9132-9

Matamonasa-Bennett, A. (2013). "Until people are given the right to be human again": Voices of American Indian men on domestic violence and traditional cultural values. *American Indian Culture and Research Journal*, *37*, 25-52.

McKeown, I., Reid, S., & Orr, P. (2004). Experiences of sexual violence and relocation in the lives of HIV infected Canadian women. *International Journal of Circumpolar Health*, *63*(Suppl. 2), 399-404.

Morse, J. M. (2015). "Data were saturated ··· " *Qualitative Health Research*, *25*, 587-588. doi: 10.1177/1049732315576699

Morse, J. M., & Singleton, J. (2001). Exploring the technical aspects of "fit" in qualita- tive research. *Qualitative Health Research*, *11*, 841-847. doi:10.1177/ 104973201129119424

Murphy, S. B., Lemire, L., & Wisman, M. (2009). Complex personhood as the context for intimate partner victimization: One American Indian woman's story. *American Indian G Alaska Native Mental Health Research: The Journal of the National Center*, *16*, 39-59. Retrieved from www.ucdenver.edu/academics/ colleges/PublicHealth/research/ centers/CAIANH/journal/Documents/ Volume%2016/16(1)_Murphy_Complex_ Personhood_IPV_39-59.pdf

Murphy, S. B., Risley-Curtiss, C., & Gerdes, K. (2003). American Indian women and domestic violence: The lived experience. *Journal of Human Behavior in the Social Environment*, *7*, 159-181. doi: 10.1300/J137v7n03_10

Norris, T., Vines, P. L., & Hoeffel, E. M. (2012). The American Indian and Alaska Native population: 2010 census briefs. *United States Census Bureau*. Retrieved from www. census.gov/prod/cen2010/briefs/c2010br-10.pdf

Samuels, J., Schudrich, W., & Altschul, D. (2008). *Toolkit for modifying evidence-based practices to increase cultural competence*. Orangeburg, NY: Research Foundation for Mental Health. Retrieved from http://ssrdqst.rfmh.org/cecc/ sites/ssrdqst.rfmh.org.cecc/UserFiles/ ToolkitEBP.pdf

Sandelowski, M., & Barroso, J. (2002). Reading qualitative studies. *International Journal of Qualitative Methods*, *1*, 74-108. Retrieved from http://ejournals. library.ualberta.ca/ index.php/IJQM/article/view/4615/3764

Sinha, M. (2013). Measuring violence against women: Statistical trends. *Statistics Canada*. Retrieved from www.statcan.gc.ca/pub/85-002-x/2013001/article/

11766-eng.pdf

Statistics Canada. (2011). Aboriginal peoples in Canada: First Nations people, Métis and Inuit. *National Household Survey*. Retrieved from www12.statcan.gc.ca/ nhs-enm/2011/ as-sa/99-011-x/99-011-x2011001-eng.pdf

Tanenbaum, S. J. (2014). Particularism in health care: Challenging the authority of the aggregate. *Journal of Evaluation in Clinical Practice, 20*(6), 934-941. doi: 10.1111/ jep.12249

Thorne, S., & Sawatzky, R. (2014). Particularizing the general: Sustaining theoretical integrity in the context of an evidence-based practice agenda. *Advances in Nursing Science, 37*, 5-18. doi: 10.1097/ANS.0000000000000011

Tjaden, P., & Thoennes, N. (2000). *Extent, nature, and consequences of intimate partner violence: Findings from the National Violence against Women survey*. Washington, DC: United States Department of Justice, Office of Justice Programs, National Institute of Justice. Retrieved from www.ncjrs.gov/pdffiles1/nij/181867.pdf

Wahab, S., & Olson, L. (2004). Intimate partner violence and sexual assault in Native American communities. *Trauma, Violence G Abuse, 5*, 353-366. doi: 10.1177/ 1524838004269489

멕시코계 미국인의 친밀한 파트너 폭력과 해결

부록 4

멕시코계 미국인의 친밀한 파트너 폭력과 해결[주1]

데보라 핀프겔드 – 코넷(Deborah Finfgeld-Connett)

미국 전체 인구의 대략 11.1%인 3,580만 명이 멕시코계 미국인이며, 이들은 히스패닉/라틴계 공동체의 63.4%를 차지한다(United States Census Bureau[USCB], 2015). 히스패닉 또는 라틴계는 쿠바, 멕시코, 푸에르토리코, 남아메리카 또는 중남미 출신의 사람들을 의미하며, 인종에 관계없이 스페인 문화나 출신을 지닌 사람들을 지칭하기도 한다(USCB, 2011). 멕시코계 미국인은 종종 히스패닉/라틴계로 분류되며, 이 하위집단에 대한 특정 정보는 분리하기 어려울 수 있다(Montalvo-Liendo, 2009; Ortiz & Telles, 2012; Rizo & Macy, 2011).

히스패닉/라틴계 미국인들의 친밀한 파트너 폭력(IPV)에 대한 더 많은 정보가 요구됨에 따라 다수의 문헌고찰 연구(literature review)가 수행되었다(예: Cummings, Gonzalez-Guarda, & Sandoval, 2013; Gonçalves & Matos, 2016; Klevens, 2007; O'Neal & Beckman, 2016; Rizo & Macy, 2011; Sabina, Cuevas, & Zadnik, 2015). 선행 연구자들은 이러한 문헌고찰을 통해 IPV의 일부 기본적인 전조와 특성이 히스패닉/라틴계 미국인들과 다른 문화 집단에서도 유사하다는 점을 밝히고 있다. 이러한 유사성에는 아동 시절의 학대, 가부장적 규범, 고립, 빈곤, 지원 서비스에 대한 인식과 신뢰 부족의 역사 등이 포함된다(Cummings et al., 2013; Finfgeld-Connett, 2015a, 2015b;

Klevens, 2007; O'Neal & Beckman, 2016; Rizo & Macy, 2011). 그러나 멕시코계 미국인의 IPV는 그들의 문화적 맥락에서 더욱 복잡한 양상을 보이기도 한다(Alvarez, Davidson, Fleming, & Glass, 2016; Alvarez & Fedock, 2016; Rizo & Macy, 2011).

미국 히스패닉 여성들은 다른 인종/문화 집단들과 비슷한 비율(약 1:4)로 IPV를 경험하고 있는 것으로 추정된다. 하지만, 미국 히스패닉 여성들의 경우, 학대로 인한 정신적, 신체적 결과는 상대적으로 더 심각한 것으로 보인다. 특히, 살인, 자살 충동, 자살 시도와 같은 정신 건강 문제에서 이 같은 경향이 두드러진다(Alvarez & Fedock, 2016; Cummings et al., 2013; Klevens, 2007). 이러한 심각한 결과의 가능성을 고려할 때, 멕시코계 미국인과 같은 히스패닉/라틴계 하위집단에서의 IPV와 관련된 추가적인 연구와 통찰이 필요하다(Alvarez & Fedock, 2016; Klevens, 2007).

현재까지 멕시코계 미국인들의 IPV와 관련된 질적 연구 결과에 대해서는 체계적인 문헌고찰(systematic review)이 수행되지 않았다. 질적 연구 결과는 특정 맥락에 맞는 풍부한 정보를 제공해 줄 수 있기 때문에 질적 연구와 관련성이 높은 질적 체계적 문헌고찰(qualitative systematic review)이 중요하다. 그 자체로 질적 체계적 문헌고찰의 결과들은 멕시코계 미국인의 IPV 예방 및 해결에 대한 중요한 통찰력을 제공할 수 있다(O'Neal & Beckman, 2016). 따라서 본 연구에서 질적 체계적 문헌고찰 목적은 멕시코계 미국인 여성들 사이에서 학대의 과정과 그 해결책을 명확하게 밝히는 데 있다.

연구 방법

일반적으로, 질적 체계적 문헌고찰의 목적은 여러 질적 연구물의 1차 연구 결과를 분석 및 합성(synthesize)하여 새롭고 더 일반화 가능한(즉, 전이 가능한) 지식을 생성하는 것이다. 일반화 가능성(generalizability)은 개별 질적 연구의 주제가 구체적이면서 이질적인 1차 질적 연구 결과들을 다각화하여 새로운 전체(new whole)를 만들어 내기 때문에 가능하다(Finfgeld-Connett, 2010).

데이터 수집

문화적으로 특정한 집단을 대상으로 IPV와 관련된 질적 체계적 문헌고찰 수행의 가능성을 평가하기 위해서 IPV, 가정폭력, 파트너 학대 등의 용어를 사용하여 영어로 출판된 연구 문헌에 대한 광범위한 탐색적 검색(exploratory search)을 수행하였다. 문헌 검색은 2011년 CINAHL, GenderWatch, MEDLINE, PsycINFO, Social Work Abstracts 등과 같은 데이터베이스를 활용하여 수행하였다. 검색 결과, 날짜를 제한하지 않은 결과(N~3000)는 참고문헌 관리 소프트웨어(즉, EndNote)로 다운로드하였다. 중복된 문헌은 제외하고, 개별 참고문헌의 제목과 초록을 검토하였다.

약 1,600편의 연구물은 질적 연구 결과물이 아니기 때문에 제외하였다. 나머지 질적 연구물들은 맥락별 범주(예: 아프리카계 미국인, 북미 원주민, 고령 여성, 남아시아인)로 분류하였고, IPV에 대해 알고 있는 히스패닉 여성과 관련된 상당수의 연구물(n=34)을 확인하였다. 면밀히 검토한 결과, 분류된 연구물들은 너무 이질적(disparate)이어서 의미 있는 결과를 도출하기에 어렵다고 판단되었다. 따라서 각 연구물을 맥락별 특수성 측면에서 재평가한 결과, 미국에 거주하는 성인 멕시코계 미국인 여성(합법적 또는 불법적)과 관련된 14편의 연구물을 식별하였다.

문헌 검색 결과를 최신 상태로 유지하면서 포괄적이고 주제별 연구물 검색이 수행되었는지를 확인하기 위해 2016년 8월과 9월에 날짜 제한을 두지 않고 영어로 출판된 문헌에 대한 2차 검색을 수행하였다. Academic Search Complete, CINAHL, GenderWatch, ProQuest Dissertations & Theses, PsycINFO, PubMed, Scopus, Social Services Abstracts, Social Work Abstracts를 검색하였다. Mexican American, IPV, qualitative 등의

검색어를 사용하여 각 데이터베이스의 속성을 최적화하였다. 이 같은 검색 결과, 4편의 연구물을 연구 데이터베이스에 추가하여 총 18편의 연구물을 수집하였다.

이 18편의 연구물을 기초로 선행 문헌과 인용된 참고문헌 검색(cited reference searching)을 추가로 수행하였지만, 포함 기준(inclusion criteria)을 충족하는 새로운 연구물은 확인되지 않았다. Violence Against Women과 같은 주요 연구 저널에 전자 목차 알림(Electronic table of contents alerts)[1]을 설정한 결과, 1편의 추가 연구물을 확인하였다. 추가된 1편의 논문(Kim, Drucker, Bradway, Griso, & Somers, 2016)은 이미 연구 표본에 포함되어 있던 박사학위 논문(Dovydaitis, 2011)을 바탕으로 한 논문이었다. Dovydaitis 의 박사학위 논문에는 Kim 등(2016)의 동료 심사 논문에는 보고되지 않은 연구 결과가 포함되어 있고, Kim 등은 Dovydaitis의 박사학위 논문 결과를 수정한 것이기 때문에 1편의 추가 확인된 논문과 박사학위 논문을 모두 질적 체계적 문헌고찰에 포함하기로 결정했다. 이 시점에서 연구 포함 기준을 충족하는 새로운 연구물을 식별할 수 없었고, 분석 표본에 포함된 연구물들은 맥락별 질적 체계적 문헌고찰의 설명과 타당성을 뒷받침할 수 있는 것으로 보였기 때문에 데이터 수집을 중단하였다.

데이터 추출, 분석 및 합성

데이터 추출을 위해 연구물을 읽고, 각 연구 조사의 특징을 강조 표시하고, 추출하여 표로 옮겼다. 표의 열에는 참고문헌, 연구 목적, 이론적 틀, 장소, 표본의 출처, 표본, 연구 방법 등의 이름(label)을 지정하였다. 이 정보는 1차 질적 연구 결과의 분석과 합성을 맥락적으로 파악하는 데 사용되었다(표 A4.1).

---

[1] 역자주: eTOC으로 불리는 전자 목차 알림은 저널의 새로운 이슈가 게시되거나 저널 웹사이트에 새로운 내용이 추가될 때 전자우편으로 관련 내용을 수신할 수 있는 기능이다.

개별 1차 연구물의 질적 연구 결과는 전자적으로 복사하여(electronically copied) 서식을 지정한 표에 붙여 넣었다. 구체적으로 서식으로 작성한 표 열에는 (a) 참고문헌, (b) 질적 연구 결과(즉, 원자료), (c) 연구 내 메모와 같은 이름을 지정하였다. 원자료(즉, 질적 연구 결과)는 B열에 입력하고, 연구 결과의 본질을 명확하게 추출하고 설명하기 위해서 C열에는 설명하는 메모(descriptive memos)를 작성하였다. 그런 다음 C열의 메모를 요소 또는 개념들 간의 과정으로 구성되는 관계 체계(process framework)(예: IPV의 선행 요인과 속성, IPV의 해결 및 결과)에 따라 반복적으로 그룹화하고, 연구 전반에 걸쳐 합성했다. 합성에는 멕시코계 미국인 여성들 사이에서의 IPV와 그 해결에 대한 일관되고, 잘 입증된 줄거리가 설명될 때까지 성찰적(reflexively)으로 메모를 작성하였다(Birks, Chapman, & Francis, 2008).

표 A4.1 표본 특성

참고문헌	목적	이론적 틀	연구 장소	표본 출처	표본	연구 방법
Adames와 Campbell (2005)	라틴계 이민자의 관계를 평가하고 IPV에 대한 정의를 확인	현상학	미국	IPV 피해 여성을 위한 지원 집단	8명의 여성	인터뷰, 주제 분석
Belknap과 Sayeed (2003)	의료 서비스 제공자가 가정 폭력에 대해 질문할 때, 신뢰 구축에 대한 멕시코계 미국인 여성들의 인식 탐색	Leininger의 문화돌봄 이론(culture Care Theory)	중서부	지방 가정 폭력 기관에서 서비스를 수혜 받는 스페인어 사용 여성	7명의 여성	참여자 관찰, 인터뷰, 주제 분석
Davila와 Brackley (1999)	학대적인 관계에 있는 멕시코계 미국인 여성들 사이에서 콘돔 사용 협상(condom negotiation)을 가로막는 장벽 탐색	언급 없음	미국	학대 피해 여성을 위한 쉼터	14명의 여성	인터뷰, 내용 분석
Divin, Volker와 Harrison (2013)	고령의 스페인어권 여성이 IPV를 극복하는 데 있어 강점을 발휘하는 방법 탐색	Antonovsky의 건강생성 이론(salutogenic theory)의 페미니스트적 적용	텍사스	커뮤니티 연락 담당자 및 지원 그룹을 통한 전단지 및 홍보	7명의 여성	인터뷰 데이터의 2차 분석, 범주형 분석
Dovydaitis (2011)	멕시코계 미국인 이민자 여성이 친밀한 파트너의 성폭력을 묘사하는 방법 탐색	내러티브 탐구	필라델피아	편의 표집 및 강간 위기 센터의 추천	9명의 여성	인터뷰, 내러티브 분석

참고문헌	목적	이론적 틀	연구 장소	표본출처	표본	연구 방법
Fuchsel(2012)	(a) 멕시코 이민 여성들의 결혼과 가정 폭력 관련 가톨릭 교회의 입장에 대한 이해, (b) 교회에 도움을 청한 여성들의 경험 조사	근거이론	남서부 대도시 지역	여성 대상 10주간의 기관 중심 폐쇄형 지원 집단(closed support group)	9명의 여성	인터뷰, 범주 분석
Fuchsel(2013)	아동 성적 학대, 가정 폭력 및 가족주의(familism) 간의 관계 조사	근거이론	남서부 대도시 지역	여성 대상 10주간의 기관 중심 폐쇄형 지원 집단	9명의 여성	인터뷰, 주제 분석
Fuchsel, Murphy 와 Dufresne (2012)	멕시코 이민자 여성의 가정 폭력 조사	근거이론	남서부 대도시 지역	여성 대상 10주간의 기관 중심 폐쇄형 지원 집단	9명의 여성	인터뷰, 범주 분석
Grzywacz, Rao, Gentry, Marín과 Arcury(2009)	친밀한 파트너 간 갈등과 멕시코계 미국 여성의 노동시장 진출 간의 관계 탐색	언급 없음	노스캐롤라이나 서부 농촌 지역	지역사회 및 지역사회 기반 서비스 조직	10명의 여성 10명의 남성	인터뷰, 주제 및 패턴 인식(코딩 및 범주화)
Ingram 등 (2010)	IPV를 경험한 멕시코계 미국인 여성의 이민법 및 지원 요청에 대한 조사	참여적 실행연구	멕시코 국경에 인접한 두 개의 카운티	여성폭력방지법 자체 청원서를 제출한 이민자 여성들	21명의 여성	인터뷰, 내용 분석
Kelly, Lesser, Peralez-Dieckmann과 Castilla(2007)	멕시코계 미국인에 대한 폭력 인식 프로그램의 효과 이해	언급 없음	샌 안토니오	스페인어 사용 이민자를 위한 지역사회교육 프로그램	14명의 여성 및 프로그램 참여자들	참여자 관찰, 현장 노트, 참여자 저널, 개방형 질문, 데이터 코딩, 범주화

참고문헌	목적	이론적 틀	연구 장소	표본 출처	표본	연구 방법
Kim 등(2016)	멕시코 이민 여성들이 친밀한 파트너 성폭력 경험을 설명하는 방법 탐색	내러티브 탐구	동북 지역	강간 위기 센터	9명의 여성	인터뷰, 내러티브 분석
Kyriakakis (2014)	멕시코 이민 여성들이 IPV에 대해 도움을 구하는 과정의 탐색	근거이론	뉴욕과 세인트루이스	뉴욕의 전단지 및 가정 폭력 프로그램, 인트루이스의 보건, 법률 종교, 사회 서비스 기관	29명의 여성, 15명의 서비스 제공자 및 커뮤니티 리더	인터뷰, 현장노트 자료의 범주 분석
Kyriakakis, Dawson과 Edmond(2012)	멕시코 이민자 여성이 IPV에 대한 인식 이해	현상학	뉴욕과 세인트루이스	뉴욕의 전단지 및 가정 폭력 프로그램, 세인트루이스의 보건, 법률 종교, 사회 서비스 기관	29명의 여성	인터뷰, 범주 분석 및 메모 작성
Liendo, Wardell, Engebretson과 Reininger(2011)	친밀한 파트너 학대를 겪는 멕시코계 미국인 여성의 경험에 대한 이해	언급 없음	멕시코 국경에 인접한 지역 사회	쉼터 및 봉사 제공 기관(outreach agency)	26명의 여성	인터뷰, 서술적 질적 접근
Mattson과 Ruiz(2005)	IPV에서 멕시코 문화의 역할 파악	언급 없음	미국	남성: 이민자 대상 진료소, 스페인어 매체의 라디오 및 신문 광고, Head Start 프로그램 여성: 가정 폭력 보호소, 노숙자 보호소, Head Start 프로그램	표본 수가 명확하지 않음	포커스 그룹, 주제별 분석

참고문헌	목적	이론적 틀	연구 장소	표본 출처	표본	연구 방법
Montalvo-Liendo, Wardell, Engebretson 과 Reininger(2009)	멕시코계 여성의 학대 사실을 공개하는 데 영향을 미치는 요인에 대한 서술	근거이론	멕시코 국경에 인접한 지역 사회	쉼터 및 봉사 제공 기관(outreach agency)	26명의 여성	인터뷰, 근거이론
Moya, Chávez-Baray와 Martinez (2014)	멕시코 이민자들 사이의 친밀한 파트너 폭력과 성 건강 사이의 관계 평가	지역사회 기반 참여형 접근 방식	엘파소	IPV의 영향을 받고 있는 라티나 여성을 위한 두 개의 지역 기관	22명의 여성	포토보이스,[2] 주제분석
Salcido와 Adelman (2004)	폭행 당한 멕시코계 미국인 여성의 삶 탐색	문화기술지	피닉스 대도시 지역	지역 사회 센터와 성인 학교 교육 프로그램에서의 가정 폭력 워크숍	10명의 여성	인터뷰

---

2 역자주: 포토보이스(photovoice)는 참여적 실행연구의 한 장르로 사진을 통해서 연구참여자가 경험하는 현상에 대한 통찰력을 실제볼 수 있는 질적 연구 방법이다.

타당성

본 연구는 연구 문헌을 철저히 검색하고, 연구 주제와 관련된 모든 질적 연구물을 수집하여 타당성을 확보하였다. 연구물의 질적 수준은 평가하지 않았으며, 그 결과 제외된 연구물은 없었다. 또한, 연구물 평가 기준의 타당성은 명확하게 정하지 않았다. 대신에 원자료(즉, 질적 연구 결과)는 다른 연구 간 합성된 결과를 포화시키는 데 도움이 되는지 여부와 적합성 (fit) 기준에 따라 평가되었다. 포화 상태는 소량의 반대 데이터가 나타나더라도 합성 결과가 변경되지 않았을 때 도달했다고 판단하였다. 또한, 타당성은 다수의 연구자가 다양한 연구 틀(예: 근거이론)과 데이터 수집 및 분석 방법을 활용하여 질적 연구 결과를 성찰적으로(reflexively) 분석하고, 이를 합성하여 달성한 다각화(triangulation)에 따라 확보하였다(Finfgeld-Connett, 2014).; Sandelowski & Barroso, 2002; Thorne, 2009).

연구 결과

표본 특성

19편의 질적 연구물을 질적 체계적 문헌고찰을 위한 분석 표본으로 구성하였다. 하나의 분석 대상 표본에서 2~3개의 연구물이 생성된 사례를 확인하였으며, 그 결과 질적 체계적 문헌고찰을 위해 선정된 19편의 연구물에서 14개의 고유 표본이 식별되었다. 질적 연구물별로 연구에 참여한 표본 크기는 7명에서 29명으로 소규모였다. 연구참여자 표본 크기가 명시되지 않은 두 편의 연구물을 제외하고, 본 연구 수행을 위해 표본으로 구성된 1차 연구물에는 196명의 응답자가 참여한 것으로 확인되었다.

선행 질적 연구물의 일반적인 목적은 멕시코계 미국인 여성들 사이에서의 IPV와 그 해결책을 탐구하는 것이었다. 이 연구들은 미국 북동부, 중서부, 남동부, 남서부 전역의 도시와 시골 지역에서 수행되었다. 연구참여자들은 지원 단체, 가정 폭력 기관, 보호소, 강간 위기 센터를 포함하여 IPV 피해자들에게 도움을 제공하는 기관에서 모집했다. 또 다른 참여자들은 스페인어권 여성들을 위한 이민자 서비스 기관과 프로그램에서 모집했다.

선행 질적 연구물에는 연구 수행을 위해 문화돌봄이론(culture care theory), 문화기술지(ethnography), 건강생성이론(salutogenic theory)[3]의 페미니스트적 적용, 근거이론, 내러티브 탐구, 참여적 실행연구(participatory action research), 현상학 등과 같은 다양한 연구틀이 사용되었다. 다섯 편의 연구 사례에서는 연구 수행을 위한 이론적 틀이 언급되지 않았다. 데이터는 주로 인터뷰를 통해 수집되었지만, 현장 노트(field note), 포커스 그룹, 이미지, 저널(journal)[4] 및 참여 관찰을 통해서도 수집되었다. 자료 분석을 위해 내러티브(Narrative), 범주(categorical), 주제 분석(thematic analysis) 방법을 사용하였다. 본 연구의 질적 체계적인 문헌고찰 결과는 다음 그림 A4.1과 같다.

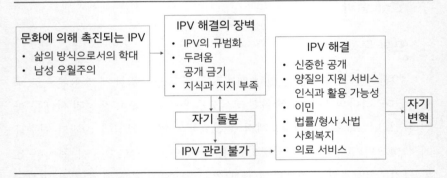

그림 A4.1 멕시코계 미국인의 IPV 및 해결

---

3 **역자주**: 건강생성이론, 모형, 패러다임은 인간이 건강과 복지를 지향하는 타고난 능력을 가지고 있다는 점을 강조한다.
4 **역자주**: 질적 연구 자료의 유형 중 하나로 분류되는 저널은 글을 쓰는 사람이 자기 자신 또는 독자를 대상으로 다양한 경험의 내용을 기록하고 성찰하는 글로 정의할 수 있다.

문화에 의해 촉진되는 IPV

삶의 방식으로서의 학대

멕시코계 미국 여성이 가족과 친구들로부터 지속적인 학대를 받는 경우는 흔히 발생한다(Adames & Campbell, 2005; Davila & Brackley, 1999; Divin et al., 2013; Kim et al., 2016; Liendo et al., 2011; Mattson & Ruiz, 2005; Monalvo-La et al., 2009). 이러한 경험으로 인해 멕시코계 미국 여성은 일찍 핵가족을 떠나 결혼하게 되고, 결혼한 후에도 친밀한 파트너와의 관계에서 학대를 다시 경험하는 경우가 많다. 가족이 아닌 사람에게 성적 학대를 받는 여성들은 문화적 규범에 따라 가해자와 결혼해야 한다는 압박을 받게 되며, 그 결과 학대가 반복되는 악순환이 계속된다(Divin et al., 2013; Fuchsel et al., 2012; Kim et al., 2016).

남성 우월주의

IPV는 남성이 가부장적이고, 지배적이며, 통제적이어야 한다는 남성 우월주의(machismo)에 의해 촉진된다(Adames & Campbell, 2005; Davila & Brackley, 1999; Grzywacz et al., 2009; Kyriakis et al., 2012; Mattson & Ruiz, 2005). 반대로, 여성은 복종적이고 가정과 가족을 돌보아야 한다고 본다(Grzywacz et al., 2009; Kyriakakis et al., 2012; Montalvo-Liendo et al., 2009; Moya et al., 2014).

미국에 온 멕시코계 미국인 여성들은 생계를 위해 가정 밖에서 일해야 하는 상황에 놓이는 경우가 많다(Grzywacz et al., 2009; Kyriakakis et al., 2012). 이 같은 상황은 전통적인 가족 구조를 뒤흔들게 되고, 멕시코계 미국인 남성들은 가족의 생계를 책임지는 사람이자 의사 결정권자로서의 역할을 공유할 수밖에 없게 된다. 멕시코계 미국인 남성들은 권력과 통제력 상실에 적응해야 하며, 아내로부터 받는 관심이 감소하는 것에도 적응해야 한다(Adames & Campbell, 2005; Grzywacz et al., 2009). 멕시코계 미국인 남성들은 불안감을 완화하기 위해 혼외정사, 알코올 및 약물 남용에 의존하기도 한다(Adames & Campbell, 2005; Fuchsel et al., 2012; Kyriakis et al., 2012; Mattson & Ruiz, 2005).

IPV 유형과 그 영향

멕시코계 미국 여성은 신체적, 성적, 언어적, 심리적, 재정적 학대(malevolence)에 취약하며(Adames & Campbell, 2005; Davila & Brackley, 1999; Divin et al., 2013; Kyriakis et al., 2012; Moya et al., 2014), 이 모든 학대 요인들이 건강 악화를 초래하는 경향이 있다. 정신 및 신체 건강 문제에는 수치심, 굴욕감, 두려움, 절망감, 외로움, 무관심, 낮은 자존감과 자신감, 임상적 우울증(clinical depression),[5] 성병, 계획되지 않은 임신이 포함된다(Adames & Campbell, 2005; Davila & Brackley, 1999; Fuchsel et al., 2012; Kyriakis et al., 2012; Moya et al., 2014).

IPV 해결의 장벽

규범화

멕시코계 미국인 여성들은 이혼을 권장하지 않는 문화적 규범 때문에(Adames & Campbell, 2005; Fuchsel et al., 2012; Mattson & Ruiz, 2005) 학대를 부인하고 이를 일상적인 일로 받아들이는 경향이 있다(Liendo et al., 2011; Moya et al., 2014). 멕시코계 미국인 여성들은 파트너에 대해 양가적인 감정을 느끼며, 사랑과 두려움 사이에서 갈등하기도 한다(Montalvo-Liendo et al., 2009). 일부 여성들은 짧은 기간 동안 집을 떠났다가 위협이 사라졌다고 느끼면 다시 돌아오기도 한다(Fuchsel et al., 2012).

---

5 역자주: 주요 우울증(major depression)이라고도 하며, 임상에서 접하게 되는 우울증으로 지속적인 불쾌감, 불안감, 수면장애 등을 특징으로 한다.

두려움

처음에 멕시코계 미국인 여성들은 낯선 환경에서 영어를 유창하게 구사하지 못한다는 두려움 때문에 IPV 해결을 위한 적극적인 조치를 취하지 않는다. 멕시코계 미국인 여성들은 빈곤층으로 전락하는 것을 두려워하고 (Fuchsel et al., 2012; Kyriakakis et al., 2014; Kyriakis et al., 2012; Mattson & Ruiz, 2005), 일부 여성들은 생계를 위해 사기나 성매매 산업에 의존하게 될 것을 두려워하기도 한다(Salcido & Adelman, 2004). 멕시코계 미국인 여성들은 또한 자신들의 이민 신분이 위협을 받거나 자녀 양육권을 잃는 것을 두려워하기 때문에 파트너와의 별거를 꺼리는 경우가 많다(Ingram et al., 2010; Montalvo-Liendo et al., 2009; Moya et al., 2014).

공개 금기

멕시코 문화권에서는 가정 문제를 가족 이외의 사람들에게 알리는 것이 금기시된다. 가정 문제를 공개할 경우 수치심, 죄책감, 추가적인 학대로 이어질 수 있기 때문에, IPV 공개는 문제를 더욱 복잡하게 만들 수 있다 (Fuchsel, 2013; Fuchsel et al., 2012; Kyriakis, 2014; Salcido & Adelman, 2004). 문제를 더욱 복잡하게 만드는 또 다른 이유는 가까운 가족이나 대가족 구성원들이 학대 가해에 연루될 수 있기 때문이다. 이로 인해 피해자는 신뢰할 만한 사람에게 비밀을 털어놓기 어렵게 된다(Kim et al., 2016; Kyriakakis, 2014; Liendo et al., 2011; Montalvo-Liendo et al., 2009). 때로는 십대 자녀들이 도와주려고 노력은 하지만(Kyriakis, 2014), 자녀들도 수년 동안 목격했거나 견뎌온 것과 동일한 유형의 학대를 저지를 수도 있다(Liendo et al., 2011). 마지막으로, 선의는 있지만 관계가 제대로 형성되지 않아 정보가 부족한 가족 구성원들은 피해자가 스스로 문제를 해결하도록 부추겨 상황을 더 악화시킬 수 있다(Kyriakis, 2014).

지식과 지지 부족

멕시코계 미국인 여성들은 일반적으로 사회 서비스와 법적 지원에 대한 정보가 부족하며(Adames & Campbell, 2005; Ingram et al., 2010; Moya et al., 2014), 형사사법제도가 자신들에게 가장 유리하게 작동할 것이라는 확신을 갖지 못한다(Ingram et al., 2010; Liendo et al., 2011; Mattson & Ruiz, 2005). 의료 시스템 내에 있는 의료진들은 의심스러운 부상이 있는 경우에도 IPV에 대해 언급하기를 꺼리는 경우가 많다(Belknap & Sayed, 2003; Montalvo-Liendo et al., 2009). 마지막으로 가톨릭과 비가톨릭 목회자들은 지지하는 반응부터 지지하지 않는 반응까지 다양한 태도를 보인다(Fuchsel, 2012).

자기 돌봄(Self-Nurturance)

IPV 해결의 어려움은 많은 멕시코계 미국인 여성들이 오랜 시간 학대적인 관계에 머무르면서도 자신을 보호하고 스트레스를 관리하기 위해 끊임없이 노력하는 이유를 설명해준다. 일부 여성들은 자녀를 통해 삶의 의미와 살아갈 의지를 찾고, 또 다른 여성들은 영성, 자연, 정원 가꾸기, 애완동물 등에 집중하면서 자신을 돌본다(Divin et al., 2013; Dovydaitis, 2011; Fuchsel et al., 2012). 어떤 여성들은 확실한 결정을 내리기 전에 신앙 공동체나 독립적인 영적 활동에 참여하는 것이 자신을 지탱하는 데 도움이 된다고 말한다. 하지만 이러한 대처 전략에도 불구하고, 많은 멕시코계 미국 여성들은 결국 자신의 상황을 더 이상 견딜 수 없다고 느낄 때 도움을 요청하게 된다(Divin et al., 2013; Fuchsel et al., 2012; Liendo et al., 2011; Montalvo-Liendo et al., 2009). 특히 자녀의 복지에 대한 우려가 커질 때 이러한 결정을 내리는 경우가 많다(Divin et al., 2013; Dovydaitis, 2011; Ingram et al., 2010; Kim et al., 2016; Kyriakakis et al., 2012).

IPV의 해결

신중한 공개

멕시코계 미국인 여성들은 도움을 줄 수 있는 수용적인 가족 구성원에게 학대 사실을 공개할 가능성이 크다(Belknap & Sayeed, 2003). 멀리 떨어져 사는 가족은 정서적 지원을 제공하는 데 한계가 있지만, 가까운 곳에 사는 가족은 피난처, 금전적 지원, 음식, 옷 등을 제공해 주는 경우가 많다(Kyriakis, 2014). 가족이 도움을 줄 수 없는 경우, 멕시코 미국 여성들은 신뢰할 수 있는 여성 친구들에게 의지한다. 믿을 만한 친구는 롤 모델 역할을 하며, IPV를 해결하는 데 필요한 격려와 지원을 제공한다(Belknap & Sayed, 2003; Kyriakis, 2014; Liendo et al., 2011; Montalvo-Liendo et al., 2009).

멕시코계 미국 여성들이 다른 사람들에게 학대 사실을 털어놓기 시작할 때, 그들은 단순히 자신의 상황이 견딜 수 없는 것인지, 개선의 여지가 있는지를 확인받고 싶어 할 수 있다. 이 이후에, 어떻게 해야 할지에 대한 조언을 구하게 될 가능성이 높다(Montalvo-Liendo et al., 2009). 이러한 과정은 경찰에 신고하거나 보호 명령을 받고, 자녀 양육비를 청구하는 등의 행동으로 이어질 수 있다(Ingram et al., 2010; Kyriakakis, 2014). 하지만 초기 단계에서의 문의가 곧바로 IPV 문제 해결로 이어지는 경우는 드물다. 그 대신, 친밀한 파트너가 여성을 설득하여 신고를 철회하고 집으로 돌아가도록 반복적으로 설득할 가능성이 높다(Fuchsel et al., 2012; Montalvo-Liendo et al., 2009).

양질의 지원 서비스 인식과 활용 가능성

멕시코계 미국인 여성들이 지원을 받을 수 있도록 장려하기 위해서는 이 여성들의 비밀이 보장되면서 처벌적이지 않은 이민(confidential and non-punitive immigration), 법률/형사사법, 사회복지 등의 서비스를 받을 수 있다는 사실을 알고 있어야 한다. 그들은 또한 당국이 법의 테두리 안에서 가능한 최선의 선택을 찾기 위해 노력할 것이라는 사실도 알아야 한다(Ingram et al., 2010). 이를 위해 라디오와 텔레비전 방송은 여성들에게 이용 가능한 서비스를 알리는 것이 좋다. 또한, 교회, 진료소, 병원, WIC 사무실,[6] 식료품점, 영어 교실, Head Start[7] 등과 같은 아동복지 프로그램에서도 이용 가능한 정보를 제공해야 한다(Adames & Campbell, 2005; Ingram et al., 2010; Moya et al., 2014).

서비스 제공자가 멕시코계 미국인 여성의 IPV 해결을 효과적으로 돕기 위해서는 충분한 교육과 훈련을 받아야 한다는 강력한 증거들이 제시되고 있다(Adames & Campbell, 2005; Belknap & Sayed, 2003; Ingram et al., 2010; Kelly et al., 2007; Mattson & Ruiz, 2005; Montalvo-Liendo et al., 2009; Moya et al., 2014). 예를 들어, 초기 대응 인력은 이민 및 법률 서비스에 대한 적절한 정보를 제공할 수 있는 역량을 갖추어야 하며, 관련 기관의 직원들은 이민 및 가정 폭력과 관련된 규칙과 규정을 완벽하게 이해하고 이를 실행해야 한다. 이를 통해 멕시코계 미국인 여성들이 학대자로부터 안전하게 벗어나고, 독립적으로 법률 및 이민 절차를 밟으며, 자신의 삶을 새롭게 시작할 수 있도록 지원해야 한다(Ingram et al., 2010).

법률 및 이민 지원과 함께, 사회복지 서비스 제공자는 여성에게 재정 지원, 취업 기회, 자녀 지원 서비스에 대한 정보를 제공해야 한다. 모든 단계에서 서비스 제공자는 여성이 스트레스를 최소화하면서 충분한 정보를 바탕으로 적시에 결정을 내릴 수 있도록 지원 의사를 분명히 하면서 신속하게 행동하고, 명확하게 설명해야 한다(Ingram et al., 2010).

의료 전문가는 건강 상태가 의심스럽거나 부상이 명확한 경우, IPV에 대해 질문해야 한다. 멕시코계 미국인 여성에게는 의료 서비스에 대한 접

---

6 **역자주**: WIC는 여성, 영유아 및 아동을 위한 영양 보충 프로그램으로서 저소득 임산부, 모유 수유부, 산후 여성, 영유아 및 5세 이하의 아동에게 영양 교육, 모유 수유 지원, 다양한 영양 식품을 제공하여 건강 증진을 위한 지원을 하게 된다.
7 **역자주**: 미국 연방정부가 저소득 가정의 유아를 위해 제공하는 유아교육 프로그램이다.

근 기회가 제한적일 수 있기 때문에, 의료 서비스 제공자는 여성이 자녀와 함께 진료소를 방문할 때 IPV에 대해 신중하게 질문해야 한다. 어떤 상황에서든 멕시코계 미국인 여성들은 IPV에 대한 질문에 비교적 개방적인 태도를 보이며, 의료 서비스 제공자가 성실하고, 따뜻하며, 공감하고 신뢰할 수 있는 사람이라고 느낄 때 정보를 공개할 가능성이 높다(Belknap & Sayeed, 2003; Ingram et al., 2010; Montalvo-Liendo et al., 2009).

처음에 의료 서비스 제공자는 '요즘 어떠신가요?', '무슨 문제가 있으신가요?'와 같은 광범위한 질문을 할 수 있다. 또한, 의료 서비스 제공자는 IPV 피해자와 의료 서비스 제공자 간의 신뢰가 형성되는 데 시간이 걸릴 수 있으므로 여러 번 질문하고 주의 깊게 경청해야 한다(Belknap & Sayed, 2003; Montalvo-Liendo et al., 2009). 일단 신뢰가 형성되면 여성들은 특히, 치료사가 자신의 삶에서 발생했던 충격적인 사건(traumatic events)을 다루어 주고, 이해해줄 때 치료받는 것이 도움이 된다고 생각하는 경향이 있다(Dovydaitis, 2011).

자기 변혁

멕시코계 미국인 학대 생존자들은 학대에서 벗어나 안전하고 안정적인 상태가 되면, 교육을 받고, 언어 능력을 향상시키며, 취업을 하고, 새로운 파트너와의 관계를 발전시키는 등 자기 자신에게 투자하는 경향이 있다(Dovydaitis, 2011; Kim et al., 2016). 또한, 이들은 공동체 내에서 IPV 예방 및 해결에 대한 정보를 공유하는 것이 만족스럽고, 자신들에게 힘이 된다고 생각한다(Kelly et al., 2007; Mattson & Ruiz, 2005).

전반적으로 IPV를 극복한 멕시코계 미국인 여성들은 자신의 삶을 개선할 수 있는 긍정적인 기회를 제공받았다고 인식한다(Kim et al., 2016). 이들은 자신과 자녀들을 재정적으로 부양할 수 있게 되었으며, 자존감과 존엄성을 회복하였다. 또한, 스스로를 변화된 존재로 여기면서 자신의 잠재력을 발휘하고 사회에 기여할 수 있게 되었다. 멕시코 미국 여성들은 자신이 원할 경우, 멕시코에 있는 가족과 친구들에게 자유롭게 돌아갈 수 있다 (Ingram et al., 2010).

논의

본 연구의 결과는 다른 문화집단(예: 아프리카계 미국인, 북미 원주민, 남아시아인[Finfgeld-Connett, 2015a, 2015b; Finfgeld-Connett & Johnson, 2013])에서의 IPV 관련 연구 결과와 대체로 일치한다. 공통적으로 나타나는 요인으로는 아동학대 경험, 가부장적 규범, 고립, 지원 서비스에 대한 인식 부족, 서비스 제공자에 대한 불신 등이 있다(Cummings et al., 2013; Finfgeld-Connett, 2015a, 2015b; Finfgeld-Connett & Johnson, 2013; Klevens, 2007; O'Neal & Beckman, 2016; Rizo & Macy, 2011). 특히 지원 서비스에 대한 인식 부족과 서비스 제공자에 대한 불신 문제는 간호사가 해결하는 데 중요한 역할을 할 것으로 보인다.

첫째, 간호사들은 멕시코계 미국인 여성들이 많이 찾는 진료소와 병원, 아동복지 프로그램에서 IPV에 대한 정보를 전파할 수 있어야 한다 (Adames & Campbell, 2005; Ingram et al., 2010; Moya et al., 2014). 둘째, 신뢰를 구축하기 위해 간호사들은 미소를 짓고 유쾌하면서 친절하며 사교적인 태도를 지닐 필요가 있다. 또한, 간호사들은 각 환자를 고유한 존재로 존중하며, 영어가 장벽이 될 때에는 스페인어로 의사소통하는 것이 좋다(Jones, 2015). 셋째, 의심스러운 부상이나 증상에 대해서 여성들이 합리적인 설명을 즉시 하지 못할 경우, 간호사들은 여러 차례에 걸쳐 세심하게 IPV에 대해 질문을 할 수 있어야 한다(Belknap & Sayed, 2003; Montalvo-Liendo et al., 2009).

간호사들이 신뢰를 높일 수 있는 또 다른 방법은 요구 사항을 신속하게 처리하는 것이다(Jones, 2015). 이와 관련하여 학대받는 멕시코계 미국인 여성들은 예방 및 치료 서비스를 확대하기 위해 예산 배정이 필요하다고 주장하고 있다(Moya et al., 2014). 또한 멕시코계 미국인 여성들은 이민 절차를 신속하게 처리하고, 취업과 교육에 대한 시의적절한 접근성을 극대화하기 위한 기관과 인력 확대가 필요하다고 주장하고 있다(Ingram et al., 2010).

연구

IPV와 그 해결책을 문화에 따라 차별화해야 한다는 요구에도 불구하고, 이 현상의 근본적인 측면들은 여러 집단에서 일관되게 나타나고 있다. 현재까지 문화에 따른 IPV에 대한 엄격한 질적 체계적 문헌고찰 연구(예: Finfgeld-Connett, 2015a, 2015b; Finfgeld-Connett & Johnson, 2013)가 다수 수행되어 왔으며, 이 연구들의 결과를 면밀하게 비교하여 연구 결과 간 실질적인 차이가 있는지를 확인해 볼 필요가 있다.

한계

본 연구의 문헌고찰에 포함된 19편의 연구물 중 14편만 표본으로 사용되었다. 연구물들 간에 중복된 표본들이 본 연구의 질적 체계적 문헌고찰 결과의 일반화 가능성을 저해(threaten)할 수 있지만, 이 같은 한계는 1차 표본이 미국의 4개의 서로 다른 지역에서 모집된 196명 이상의 고유한 응답자로 구성되어 있다는 사실로 인해 완화된다.

본 연구의 표본을 구성하는 연구에서 문화 적응(Acculturation)은 중점적으로 다루어지지 않았기 때문에, 이 요인이 연구 결과에 미치는 잠재적인 영향은 명확하게 파악하기가 어렵다. 그럼에도 불구하고, 간호사들은 일반화된 연구 결과가 실제 서비스 제공에서 신중한 평가(assiduous assessment)를 대체할 수 없다는 점을 명심하고, 필요한 경우 상황에 따라 개입 방법을 적절하게 조정해야 한다.

결론

　멕시코계 미국인들 사이의 IPV는 문화적 관습에 따른 고질적인 문제로 나타나는 경향이 있다. 이 집단에서는 여러 장애물로 인하여 IPV를 해결하기가 쉽지 않지만, 효과적인 접근 방법 또한 존재한다. 그중 하나는 멕시코계 미국인 공동체 내에서 IPV와 이용 가능한 지원 서비스에 대한 정보를 확산하는 것이다. 또한, 의심스러운 부상이나 증상을 보이는 환자에게는 신중하고 세심하게 접근하며, 신뢰를 기반으로 한 관계를 구축하는 것이 중요한 전략이 될 수 있다.

주

1 Finfgeld-Connett, Deborah, "Intimate Partner Violence and Its Resolution among Mexican Americans," *Issues in Mental Health Nursing 38*(6), 2007, pp. 464-472. Taylor & Francis, 출판사의 허가를 받아 재인쇄함(Taylor & Francis Ltd, www.tandf online.com).

참고문헌

Adames, S. B., & Campbell, R. (2005). Immigrant Latinas' conceptualizations of intimate partner violence. *Violence Against Women, 11*, 1341-1364. doi: 10.1177/107780120 5280191

Alvarez, C. P., & Fedock, G. (2016). Addressing intimate partner violence for Latina women: A call for research. *Trauma, Violence, G Abuse*. Advance online publication. doi: 10.1177/1524838016669508

Alvarez, C. P., Davidson, P. M., Fleming, C., & Glass, N. E. (2016). Elements of effective interventions for addressing intimate partner violence in Latina women: A systematic review. *PLoS One, 11*, e0160518. doi: 10.1371/journal. pone.0160518

Belknap, R. A., & Sayeed, P. (2003). Te contaria mi vida: I would tell you my life, if only you would ask. *Health Care for Women International, 24*, 723-737. doi: 10.1080/07399330 390227454

Birks, M., Chapman, Y., & Francis, K. (2008). Memoing in qualitative research: Probing data and processes. *Journal of Research in Nursing, 13*, 68-75. doi: 10.1177/1744987 107081254

Cummings, A. M., Gonzalez-Guarda, R. M., & Sandoval, M. F. (2013). Intimate partner violence among Hispanics: A review of the literature. *Journal of Family Violence, 28*, 153-171. doi: 10.1007/s10896-012-9478-5

Davila, Y. R., & Brackley, M. H. (1999). Mexican and Mexican American women in a battered women's shelter: Barriers to condom negotiation for HIV/AIDS prevention. *Issues in Mental Health Nursing, 20*, 333-355. doi: 10.1080/016128499248529

Divin, C., Volker, D. L., & Harrison, T. (2013). Intimate partner violence in Mexican-American women with disabilities: A secondary data analysis of cross-language research. *Advances in Nursing Science*, *36*, 243-257. doi: 10.1097/ANS.0b013e31829edcdb

Dovydaitis, T. (2011). *Somos hermanas del mismo dolor (We are sisters of the same pain): Intimate partner sexual violence narratives among Mexican immigrant women in Philadelphia*. (Dissertation). Philadelphia, PA: The University of Pennsylvania.

Finfgeld-Connett, D. (2010). Generalizability and transferability of meta-synthesis research findings. *Journal of Advanced Nursing*, *66*, 246-254. doi: 10.1111/j.1365-2648. 2009.05250.x

Finfgeld-Connett, D. (2014). Use of content analysis to conduct knowledge-building and theory-generating qualitative systematic reviews. *Qualitative Research*, *14*, 341-352. doi: 10.1177/1468794113481790

Finfgeld-Connett, D. (2015a). Intimate partner violence and its resolution among African American women. *Global Qualitative Nursing Research*, *2*, 1-8. Retrieved from http://gqn.sagepub.com/cgi/reprint/2/0/2333393614565182.pdf?ijkey=nm4isekj7vXn0Kd &keytype=finite. doi: 10.1177/2333393614565182

Finfgeld-Connett, D. (2015b). Qualitative systematic review of intimate partner violence among Native Americans. *Issues in Mental Health Nursing*, *36*, 754-760. doi: 10.3109/01612840.2015.1047072

Finfgeld-Connett, D., & Johnson, E. D. (2013). Abused South Asian women in western- ized countries and their experiences seeking help. *Issues in Mental Health Nursing*, *34*, 863-873. doi: 10.3109/01612840.2013.833318

Fuchsel, C. L. M. (2012). The Catholic Church as a support for immigrant Mexican women living with domestic violence. *Social Work G Christianity*, *39*, 66-87.

Fuchsel, C. L. M. (2013). Familism, sexual abuse, and domestic violence among immigrant Mexican women. *Affilia: Journal of Women G Social Work*, *28*, 379-390. doi: 10.1177/0886109913503265

Fuchsel, C. L. M., Murphy, S. B., & Dufresne, R. (2012). Domestic violence, culture, and relationship dynamics among immigrant Mexican women. *Affilia: Journal of Women G Social Work*, *27*, 263-274. doi: 10.1177/0886109912452403

Gonçalves, M., & Matos, M. (2016). Prevalence of violence against immigrant women: A systematic review of the literature. *Journal of Family Violence*, *31*, 697-710. doi: 10.1007/s10896-016-9820-4

Grzywacz, J. G., Rao, P., Gentry, A., Marín, A., & Arcury, T. A. (2009). Acculturation and conflict in Mexican immigrants' intimate partnerships: The role of women's labor force participation. *Violence Against Women*, *15*, 1194-1212. doi: 10.1177/1077801209345144

Ingram, M., McClelland, D. J., Martin, J., Caballero, M. F., Mayorga, M. T., & Gillespie, K. (2010). Experiences of immigrant women who self-petition under the Violence Against Women Act. *Violence Against Women*, *16*, 858-880. doi: 10.1177/107780 1210376889

Jones, S. M. (2015). Making me feel comfortable: Developing trust in the nurse for Mexican Americans. *Western Journal of Nursing Research*, *37*, 1423-1440. doi: 10.1177/ 0193945914541519

Kelly, P., Lesser, J., Peralez-Dieckmann, E., & Castilla, M. (2007). Community-based violence awareness. *Issues in Mental Health Nursing*, *28*, 241-253. doi: 10.1080/ 01612840601172577

Kim, T., Draucker, C. B., Bradway, C., Grisso, J. A., & Sommers, M. S. (2016). Somos hermanas del mismo dolor (We are sisters of the same pain): Intimate partner sexual violence narratives among Mexican immigrant women in the United States. *Violence Against Women*. Advance online publication. doi: 10.1177/1077801216646224

Klevens, J. (2007). An overview of intimate partner violence among Latinos. *Violence Against Women*, *13*, 111-122.

Kyriakakis, S. (2014). Mexican immigrant women reaching out: The role of informal networks in the process of seeking help for intimate partner violence. *Violence Against Women*, *20*, 1097-1116. doi: 10.1177/1077801214549640

Kyriakakis, S., Dawson, B. A., & Edmond, T. (2012). Mexican immigrant survivors of intimate partner abuse: Conceptualization and descriptions of abuse. *Violence and Victims*, *27*, 548-562.

Liendo, N. M., Wardell, D. W., Engebretson, J., & Reininger, B. M. (2011). Victimization and revictimization among women of Mexican descent. *Journal of Obstetric, Gynecologic, G Neonatal Nursing (JOGNN)*, *40*, 206-214. doi: 10.1111/j.1552-6909.2011.01230.x

Mattson, S., & Ruiz, E. (2005). Intimate partner violence in the Latino community and its effect on children. *Health Care for Women International, 26*, 523-529. doi: 10.1080/ 07399330590962627

Montalvo-Liendo, N. (2009). Cross-cultural factors in disclosure of intimate partner violence: An integrated review. *Journal of Advanced Nursing, 65*, 20-34. doi: 10.1111/ j.1365-2648.2008.04850.x

Montalvo-Liendo, N., Wardell, D. W., Engebretson, J., & Reininger, B. M. (2009). Factors influencing disclosure of abuse by women of Mexican descent. *Journal of Nursing Scholarship, 41*, 359-367. doi: 10.1111/j.1547-5069.2009.01304.x

Moya, E. M., Chávez-Baray, S., & Martinez, O. (2014). Intimate partner violence and sexual health: Voices and images of Latina immigrant survivors in Southwestern United States. *Health Promotion Practice, 15*, 881-893. doi: 10.1177/1524839914532651

O'Neal, E. N., & Beckman, L. O. (2016). Intersections of race, ethnicity, and gender: Reframing knowledge surrounding barriers to social services among Latina intimate partner violence victims. *Violence Against Women*. Advance online publication. doi: 10.1177/1077801216646223

Ortiz, V., & Telles, E. (2012). Racial identity and racial treatment of Mexican Americans. *Race and Social Problems, 4*. doi: 10.1007/s12552-012-9064-8

Rizo, C. F., & Macy, R. J. (2011). Help seeking and barriers of Hispanic partner violence survivors: A systematic review of the literature. *Aggression and Violent Behavior, 16*, 250-264. doi: 10.1016/j.avb.2011.03.004

Sabina, C., Cuevas, C. A., & Zadnik, E. (2015). Intimate partner violence among Latino women: Rates and cultural correlates. *Journal of Family Violence, 30*, 35-47. doi: 10.1007/ s10896-014-9652-z

Salcido, O., & Adelman, M. (2004). "He has me tied with the blessed and damned papers": Undocumented-immigrant battered women in Phoenix, Arizona. *Human Organization, 63*, 162-172. doi: 10.17730/humo.63.2.v5w7812lpxextpbw

Sandelowski, M., & Barroso, J. (2002). Reading qualitative studies. *International Journal of Qualitative Methods, 1*, 74-108. Retrieved from https//ejournals. library.ualberta.ca/ index.php/IJQM/article/download/465/3764

Thorne, S. (2009). The role of qualitative research within an evidence-based context: Can meta-synthesis be the answer? *International Journal of Nursing Studies, 46*, 569-575. doi: 10.1016/j.ijnurstu.2008.05.001

United States Census Bureau. (2011). *Census briefs: Overview of race and Hispanic origin: 2010*. Retrieved from www.census.gov/prod/cen2010/briefs/c2010br-02.pdf

United States Census Bureau. (2015). *American community survey B03001 1-year estimates Hispanic or Latino origin by specific origin*. Retrieved from http://factfinder.census.gov/ faces/tableservices/jsf/pages/productview.xhtml?pid=ACS_15_1YR_B03001& prodType=table

비판적 평가 프로그램
(Critical Appraisal Skills
Programme[CASP]©)

부록 5

비판적 평가 프로그램
(Critical Appraisal Skills Programme[CASP]©)

질적 연구 체크리스트 31.05.13

질적 연구 보고서를 평가할 때 고려해야 할 세 가지 주요 문제는 다음과 같다.

- 검토 결과가 타당한가?
- 결과는 무엇인가?
- 그 결과가 지역적으로 도움이 되는가?

다음 10가지 질문은 이러한 문제를 체계적으로 생각하는 데 도움을 주기 위해 고안되었다.

처음 두 질문은 선별 질문으로, 빠르게 답할 수 있다. 두 질문 모두에 "예"라고 답했다면 나머지 질문을 계속 진행하는 것이 좋다.

질문들 간에는 어느 정도 중복되는 부분이 있을 수 있다. 대부분의 질문에는 "예", "아니오" 또는 "모르겠음"으로 답을 기록한다. 각 질문 뒤에는 해당 질문이 왜 중요한지 상기시키기 위한 몇 가지 참고 사항이 제공된다. 제공된 공간에 답변의 근거를 기록한다.

평가 질문		근거
1. 연구의 목표가 명확하게 제시되었는가? 고려 사항: • 연구의 목표는 무엇이었는가? • 왜 그것이 중요하다고 생각했는가? • 관련성	예/알 수 없음/아니요	
2. 질적 연구 방법론이 적절한가? 고려 사항: • 연구 참여자의 행동 및/또는 주관적 경험을 해석하거나 조명하고 있는 연구인가? • 질적 연구가 연구 목표를 달성하는 데 적합한 방법론인가?	예/알 수 없음/아니요	
계속 진행할 가치가 있는가?	예/아니요	
세부적인 질문사항		
3. 연구 설계가 연구 목적을 다루기에 적절했는가? 고려 사항: • 연구자가 연구 설계를 정당화했는가?(예: 어떤 방법을 사용할지에 대한 결정 과정을 논의했는가?)	예/알 수 없음/아니요	
4. 모집 전략이 연구 목적에 적합했는가? 고려 사항: • 연구자가 참가자 선정 방법을 설명했는가? • 연구자가 선정한 참가자가 연구에서 추구하는 지식 유형에 접근하는 데 가장 적합한 이유를 설명했는가? • 모집과 관련하여 논의가 있었는가?(예: 일부 사람들이 참여하지 않기로 한 이유에 대한 설명이 있었는가?)	예/알 수 없음/아니요	
5. 데이터가 연구 문제를 해결하는 방식으로 수집되었는가? 고려 사항: • 데이터 수집을 위한 환경이 정당화되었는가? • 데이터가 어떻게 수집되었는지 명확한가?(예: 포커스 그룹, 반구조화된 인터뷰 등) • 연구자가 선택한 방법을 정당화했는가? • 연구자가 사용한 방법을 명확하게 설명했는가?(예: 인터뷰가 어떻게 진행되었는지 또는 주제 가이드를 사용했는지에 대한 언급이 있는가?)	예/알 수 없음/아니요	

• 연구 중에 방법이 수정되었는가? 그렇다면 연구자가 그 이유와 방법을 설명했는가? • 데이터의 형태가 명확한가?(예: 녹음, 영상 자료, 메모 등) • 연구자들이 데이터 포화에 대해 논의했는가?		
6. 연구자와 참여자 간의 관계가 적절히 고려되었는가? 고려 사항: • 연구자들이 다음 과정에서 자신의 역할, 잠재적 편향, 그리고 영향력을 비판적으로 검토했는가?: • 연구 질문의 수립 • 표본 모집 및 장소 선택을 포함한 데이터 수집 • 연구자들이 연구 중 발생한 사건에 어떻게 대응했는지, 그리고 연구 설계 변경이 연구에 미치는 영향을 고려했는가?	예/알 수 없음/아니요	
7. 윤리적 문제들이 충분히 고려되었는가? 고려 사항: • 독자가 윤리적 기준이 유지되었는지 평가할 수 있도록 연구 참여자에게 연구를 설명하는 방식에 대한 충분한 세부 사항이 제시되었는가? • 연구자가 연구에서 발생한 윤리적 문제(예: 사전 동의, 기밀 유지, 연구 중 및 연구 후 참가자에게 미치는 연구 영향에 대한 처리 방법)에 대해 논의했는가? • 윤리위원회의 승인을 받았는가?	예/알 수 없음/아니요	
8. 데이터 분석이 충분히 엄격하게 이루어졌는가? 고려 사항: • 분석 과정에 대한 심층적인 설명이 있는가? • 주제 분석(thematic analysis)이 사용된 경우, 범주/주제가 데이터에서 도출된 방법이 명확한가? • 연구자가 분석 과정을 설명하기 위해서 원래의 표본(original sample)에서 데이터를 어떻게 선정하였는지를 설명했는가? • 연구 결과를 뒷받침할 충분한 데이터가 제시되었는가? • 상반되는 데이터가 어느 정도 고려되었는가? • 연구자가 데이터 분석 및 발표할 데이터를 선택하는 과정에서 자신의 역할, 잠재적 편향, 영향력을 비판적으로 검토했는가?	예/알 수 없음/아니요	

9. 연구 결과를 명확하게 진술하고 있는가? 고려 사항: • 연구 결과가 명확하게 드러나는가? • 연구자의 주장을 지지하거나 반박하는 증거에 대한 충분한 논의가 있는가? • 연구자가 자신의 연구 결과의 신뢰성에 대해 논의했는가?(예: 다각화, 응답자 검증, 다수의 분석가 참여) • 연구 결과를 원래 연구 질문과 관련하여 논의하였는가?	예/알 수 없음/아니요	
10. 이 연구는 얼마나 가치가 있는가? 고려 사항: • 연구자는 이 연구가 기존 지식이나 이해에 기여하는 내용에 대해 논의했는가?(예: 연구 결과가 현재의 실무, 정책, 또는 관련된 연구 기반 문헌과 어떻게 연관되는지 고려했는가?) • 연구가 필요한 새로운 영역을 제시하고 있는가? • 연구자가 연구 결과를 다른 집단으로 전이할 수 있는지, 또는 연구 결과가 다른 방식으로 활용될 수 있는지 논의했는가?		

저자 약력

데보라 핀프겔드-코넷(Deborah Finfgeld-Connett, PhD, RN, FAAN)

미국 미주리주 콜롬비아에 위치한 미주리 대학교 신클레어 간호대학(Sinclair School of Nursing) 명예교수이다. 핀프겔드-코넷 박사는 1990년대 중반부터 의료 관련 질적 메타합성 연구를 수행해 왔고, 그 기간 동안 이 책에서 소개하고 있는 연구 방법을 개발하고 세부적인 내용을 정교화하는 데 주력해 왔다.

역자 약력

주영효

경상국립대학교 사범대학 교육학과 교수.
안암교육학회, 한국교육정치학회, 한국교원교육학회 편집위원장 등 역임.

서라현

경상국립대학교 사범대학 교육학과 박사 수료.

질적 메타합성 연구 가이드

초판발행	2025년 3월 10일
지은이	데보라 핀프겔드-코넷(Deborah Finfgeld-Connett)
옮긴이	주영효·서라현
펴낸이	노 현
편 집	박송이
기획/마케팅	조정빈
표지디자인	BEN STORY
제 작	고철민·김원표
펴낸곳	㈜피와이메이트
	서울특별시 금천구 가산디지털2로 53, 210호(가산동, 한라시그마밸리)
	등록 2014.2.12. 제2018-000080호
전 화	02)733-6771
f a x	02)736-4818
e-mail	pys@pybook.co.kr
homepage	www.pybook.co.kr
ISBN	979-11-7279-068-4 93370

* 파본은 구입하신 곳에서 교환해 드립니다. 본서의 무단복제행위를 금합니다.

정 가   17,000원

박영스토리는 박영사와 함께하는 브랜드입니다.